[美] 帕特里克·兰西奥尼（Patrick Lencioni） 著

示人以真

健康组织这样开展业务

Getting Naked

A Business Fable

about Shedding the Three Fears that Sabotage Client Loyalty

刘向东 刘慧侬 译

電子工業出版社
Publishing House of Electronics Industry
北京·BEIJING

Getting Naked: A Business Fable about Shedding the Three Fears that Sabotage Client Loyalty by Patrick Lencioni
ISBN: 978-0-7879-7639-2

版权贸易合同登记号　图字：01-2018-6825

图书在版编目（CIP）数据

示人以真：健康组织这样开展业务/（美）帕特里克·兰西奥尼（Patrick Lencioni）著；刘向东，刘慧侬译. —北京：电子工业出版社，2019.8
书名原文：Getting Naked: A Business Fable about Shedding the Three Fears that Sabotage Client Loyalty
ISBN 978-7-121-36390-0

Ⅰ. ①示…　Ⅱ. ①帕…　②刘…　③刘…　Ⅲ. ①咨询公司－咨询服务－经验－美国　Ⅳ. ①C932.871.2

中国版本图书馆 CIP 数据核字（2019）第 076201 号

策划编辑：吴亚芬
责任编辑：王凌燕
印　　刷：北京虎彩文化传播有限公司
装　　订：北京虎彩文化传播有限公司
出版发行：电子工业出版社
　　　　　北京市海淀区万寿路 173 信箱　　邮编：100036
开　　本：880×1230　1/32　印张：6.5　　字数：134 千字
版　　次：2019 年 8 月第 1 版
印　　次：2024 年 2 月第 8 次印刷
定　　价：69.00 元

凡所购买电子工业出版社图书有缺损问题，请向购买书店调换。若书店售缺，请与本社发行部联系，联系及邮购电话：（010）88254888，88258888。
质量投诉请发邮件至 zlts@phei.com.cn，盗版侵权举报请发邮件至 dbqq@phei.com.cn。
本书咨询联系方式：（010）88254199，sjb@phei.com.cn。

谨以此书献给那些践行裸式咨询服务的朋友

前 言

放下恐惧与骄傲

展露弱点是人类最容易被低估和误解的品质之一。

不愿展露弱点，人们就难以与他人建立深厚而持久的人际关系。因为，要想赢得对方的信任，最好的方式莫过于将自己的弱点毫无保留地暴露出来，并且相信能得到对方的支持。

然而，现实社会不主张展露弱点，而是鼓励人们展现力量、自信和沉着。虽然在一些场合里，这样做是明智的，但是在建立重要且持久的人际关系时，这样做会妨碍信任的建立。

可对于那些为客户提供服务的人来说，展露弱点的力量尤其强大。对于那些习惯坦诚展露弱点的人——我称之为“裸式咨询”的人，其总是能够获得客户的忠诚度和亲密感。而这往往是同行们求而不得的。

每当我阐述这个观点时，都有人会问：“我们是不是不能过于展露弱点？”令人惊讶的是，这个答案是否定的。不过，如果你每天都跟客户说你又犯了个错误，或者某个工作你不会做，那就是个大问题了。因为，这不属于弱点的范畴，而是能力问题。承认弱点是一回事，而能力不足是另一回事！

这让我想起一句有问题的老话“永远不要让别人看到你在冒汗”。实际上，客户往往比我们自己更容易发现我们在冒汗。这个时候我们有两个选择：假装镇定自若，极力掩饰；或者坦承自己在冒汗，向他们展示自己的真诚和自信，因为我们是值得他们信任的。

如果道理如此简单（我首先承认就这么简单），那为什么我们还常常会拒绝在客户面前展露弱点呢？

首先，我们认为这样做会降低成功的概率。其实我们没有意识到，虽然客户要求我们要有足够的能力来满足他们的需求，但真正使客户尊重并信赖我们的，是我们诚实、谦逊和无私的品质。

其次，即使在道理上能理解这一点，仍有许多人在实践中难以做到。身为人类的我们不喜欢展露脆弱的一面，因为我们受制于一种出于本能而非理性的恐惧，使我们在“赤裸”时感到不舒服。本书就是关于如何消除这些恐惧的，而要做到这一点的确不容易。这需要有一定程度的自我牺牲，而且需要忍受不适，甚至还可能感到痛苦。因此，不是所有人都愿意坚持下去。

如上所述，展露弱点、裸式服务是弥足珍贵的。它意味着做到的人将获得强大而切实的竞争优势：他们会与客户建立更坚固、更密切的关系；他们会获得客户的推荐和背书；他们也能和客户轻松融洽地协商价格和费用；他们会更加享受自己的服务工作。

尤其重要的是，展露弱点、赤裸相见能够让我们更有效地帮助客户，这也是服务的全部意义所在。我希望本书能帮助你理解如何做到“裸式咨询”。

言归正传，现在让我们放下恐惧与骄傲开始吧。

目　录

第 1 部分　咨询者的故事

第 1 部分

咨询者的故事

第 1 章
故事的起因

我的对手

我谈不上恨麦克·凯西这个人。

首先，从小学二年级开始，露丝·玛丽·亨尼西修女就教导我们不要憎恨任何人。而且我只是听说过麦克·凯西，还从未真正见过他。即使没有修女的教导，我也没法去恨一个自己从没见过的人。

但是我得承认，麦克·凯西确实是我最不喜欢的人之一，就连提起他的名字都让我心情不好。

所以，如果一年之前有人告诉我，我会花整整四个月去研究这个人和他烦人的小咨询公司，我会告诉他，我宁愿改行。

可这事真的发生了，这就是我接下来要讲的故事。

关于我

我叫杰克·鲍尔[1]，没错，和那个电视剧里年年都能拯救世界的大英雄同名。不过，我可不是什么超级英雄，我只是个咨询顾问。

我在 K&B（Kendrick and Black）咨询公司战略业务部工作五年了。K&B 咨询公司是一家颇有声望的国际咨询公司，在全球范围内提供全方位的咨询服务，总部位于美国旧金山。

除了担任高级咨询顾问，我还负责公司战略咨询业务的销售工作。这就意味着我时常需要跟麦克·凯西和他的灯塔公司抢客户。

灯塔公司比我们小得多，他们大部分业务都集中于旧金山湾区，所以与他们有竞争的项目只占我们项目总数的 5%～10%。然而，和他们竞争时我们就没赢过。

也不全是这样，我们也赢过一次。不过只服务了一年，这个叫决策科技的公司就终止了我们的服务，重新聘请了灯塔公司，这比当初就没赢更让我们难堪。令人格外痛苦的是，这些失败就发生在我们总部所在地旧金山，被本地同行看在眼里。因此我们对麦克·凯西的厌恶更深了。

[1] 美国电视连续剧《反恐 24 小时》主人公的名字是杰克·鲍尔。

你知道，咨询公司的竞争与体育竞技不同，你几乎永远看不到你的竞争对手，但是总能听到他们的传闻。在听了一个又一个有关麦克·凯西和他的团队有多么出色、聪明和高效的故事之后，我最希望听到的就是他们的公司倒闭的消息。

其实我也就是这样想想而已。

可怕的晋升

当同事告诉我，麦克·凯西离开了，灯塔公司也要被卖了时，我简直欣喜若狂。我们终于把它拖垮了，毕竟再坚固的盔甲也会有裂痕，不可能一直这么好下去。

我后来又听说，麦克·凯西离职的原因是“为了多花点时间和家人在一起”，这让我的喜悦稍微减退了一点。不过这句话也是最常见的掩饰业绩下滑的借口。无论如何，灯塔公司就要被卖了，我们再也不用和他们竞争，也不必担心失败和受辱了。

然而，我的喜悦仅持续了五天，就被公司的创始人吉姆·肯德里克猛然打断。

要知道，吉姆·肯德里克此前只来过我办公室两次，第一次是欢迎我入职，第二次是警告我不要把我们的一位重要客户的项目搞砸了。他可不是那种待人温和、好说话的人。

“事情是这样的，杰克，你大概听说过，半月湾那边有个叫灯塔的小公司吧？”

“对，我听说过。”我做出从没把他们放在心上的样子。

他继续说：“嗯，他们正急于卖掉，马蒂觉得这可能是个好机会，于是抢先把它收购了。所以我想……”

“我们收购它干什么？”我吃了一惊，突然感到受到了某种威胁，禁不住打断了吉姆。

“我们……”看到我急迫的样子，吉姆停顿了一下，露出了讨好似的微笑，“……我们准备让你过去接管一段时间，每天过去待上半天就够了。等你把他们公司的情况都摸清了，我们就可以把想要保留的部分整合到现在的战略业务部，然后再处理剩下的部分。如果一切顺利，马蒂明年夏天就要退休，到时候战略业务部就要交给你负责了。”他顿了顿，好像没有什么话要说了。

“那就这么定了。”说完他就走了。

接下来一整天我心里都七上八下，没办法消化这件事。就像那天晚上我对妻子解释的那样，我本应该高兴的，但是我无论如何都高兴不起来。

一个原因是，我意识到，如果这件事做不好，我的职业生涯会受到严重影响。拜灯塔公司所赐，即使麦克·凯西离开了，他还在我身边阴魂不散。

另一个原因是，我终究是要见这个人了，还要坐下来面对面地讨论交接事宜。

出乎意料的是，事情走向并非如此。

加速推进

麦克·凯西的离开比任何人预料的都要突然。合同上的墨迹一干，他就走了。

这让我稍稍松了一口气，但马上又起了疑虑：是不是这公司出了什么问题？

于是我去问我的上级马蒂。他耸了耸肩，说："我不知道。这事发生得太突然，我们也没有时间做任何的尽职调查。但是吉姆·肯德里克觉得收购费用不高，出于某些原因，他认为值得冒这个险。"

我感觉马蒂有所隐瞒。"不是吧，不是您极力主张收购的吗？"

马蒂笑了："算是吧。"

"那灯塔公司的人是怎么看待收购这件事的呢？"

马蒂又耸了耸肩："这我真的不知道。不过你周三就能知道了。"

"什么，周三？"

"是啊，"马蒂咧嘴一笑，"周三早上你就得去灯塔公司和他们开会了。"

我的上级马蒂是个瘦高结实、穿着考究的工作狂，今年 57 岁。他突然决定要提前退休，去尽情享受打高尔夫球的生活。显然，他小学二年级的时候没接受过露丝·玛丽·亨尼西修女的教诲，因为我常常听到他抱怨："我恨死这个麦克·凯西了！"

和我不同的是，马蒂与麦克·凯西见过几次面。考虑到正是他在与灯塔公司的业务竞争中屡战屡败，他的恨意并非毫无来由。

马蒂常用"虚伪""假谦虚"和"自以为是"来形容麦克·凯西。我不能否认，马蒂对麦克·凯西的厌恶确实影响到了我，甚至"传染"了我。我和马蒂一样不愿输给麦克·凯西，所以在 K&B 咨询公司工作的五年里，我对麦克·凯西和他的小公司也心生怨恨。

"您觉得收购之后这家公司的前景如何？"我有些好奇。

马蒂吸了一口气，想了一会儿："很难说。但是我可以告诉你，我觉得灯塔公司的合伙人大概都撑不过明年。"

"您为什么这么说？"

"我也不知道，"马蒂想了想，最终还是没有正面回答，"最关键的是，我们两家公司的文化完全不同。"

我对他的评论并不感到惊讶，但我想了解得更详细一些："例如说？"

这次马蒂没有迟疑："例如，据我所知，他们办公的地方就像个乡村俱乐部。”

马蒂看出我有些不解，便解释说：“他们破烂的办公室以前是家幼儿园或学前班之类的机构所在地。我听说他们的停车场每天晚上七点就空了，周末也不加班，从不加班！那地方简直就是个游乐场。”

“这对我们有什么影响吗？”

“没有影响，”马蒂笑着摇摇头，“我们只是想要他们的客户和能干活儿的咨询顾问，这也是我们当初做这笔交易的原因。

我感觉到一丝紧张：“那这周三您和我一起去开会吧？”

马蒂睁大了眼睛：“好啊，我很乐意。”

我刚松了一口气，他就接了一句：“但是吉姆和我都认为，这件事你需要自己干，至少现在应该如此。”他停了一下，“但是呢，要是你没有把会议情况一字不漏地记录下来，或者没把关于这个破公司的每一处细节都详实地汇报给我，我就炒了你。”

我们大笑起来。马蒂笑得开怀，我却有些心烦意乱，心想：不知道周三会发生什么。

初见灯塔公司

作为一名咨询顾问，我一直建议客户加快对收购企业的业务转换和整合，以免情况僵持或恶化。我形象地称之为“快速撕开创可贴法”。现在我却成了进行整合、“撕开创可贴”的人，不由得怀疑自己以前的建议是否妥当，然而此刻我别无选择。

于是，在我“荣升”两天以后，我驱车沿着旧金山湾区蜿蜒的高速公路一路向西，前往滨海小镇半月湾。在那里，灯塔公司的 25 名员工正等着我去说说他们的未来。事实上，我比他们还要好奇。

关于灯塔公司的办公场所，马蒂描述得夸张了些，但也差不多。

除了边上的一个小农庄，有一个小小的像校园一样的孤零零的院子。院子里有四栋方方正正的建筑，中间是一小块精心修剪过的草坪。显然，这里曾经是一所学校（我后来了解到，它曾是一所为有发展障碍的儿童所开设的小学，这些孩子现在已被纳入正规学校系统了）。如今，有三家公司在此办公：一家小型葡萄酒商、一家农业设备公司，还有就是灯塔公司。

把车停在曾经是操场的停车场后，我立刻明白了为什么麦克·凯西要给公司取名为“灯塔”。停车场西边不远处，有一座小灯塔，通体白色，刷了三道等间距的蓝色条纹。我也不知道为什么那么多人，包括我在内，都那么喜欢灯塔。

这些学校建筑让我想起了自己的小学，只不过这里重新装修过，看起来更像一家公司。楼内的洗手间外还挂着“男生”和“女生”的标牌，这可让我吃了一惊，不由地会心一笑。此外，还有那种老式的喷泉饮水口，底下有根管子连接到墙上的三个喷嘴。看到这些，我不禁想起了自己的童年，还有露丝·玛丽·亨尼西修女。

穿过走廊，前面一道门上写着“灯塔公司”，我便走了进去。

第 2 章
故事的经过

初次接触

这座建筑物的内部装修与外面完全不同，一进门，就看见前台和一个大鱼缸似的玻璃会议室，占据了楼层的前半部分，是用砖和木材简单地重新装修过的。公司的其他地方则被改造成了开放式办公区，办公桌和书架靠墙，头顶上是一排排天窗，一切都整洁简单，井然有序。

接待我的是一位身材娇小、穿着牛仔裤、40 多岁的金发女士，她正坐在前台："你好！"

我还没来得及回应，她又接着说："你就是杰克吧！"显然她知道我是谁，但她脸上的微笑仍旧礼貌而平和，就好像我只是个普通访客，一个快递员或送餐员，而不是前来清点战利品的征服者。

“我是来这里和艾米·斯特林和迪克·詹尼斯见面的。”我很确定我没有笑，因为我的内心突然感到羞怯和自卑，我不知道她是否注意到了。

她平静地答道：“我就是艾米·斯特林。”

我几乎不假思索地蹦出了一个愚蠢的问题：“你是艾米？你平时就坐在这儿吗？”

艾米笑了笑，好像有点被我搞糊涂了：“不，这是前台。前台的克里斯塔正在度蜜月，所以我们轮流替她，我正等着你呢。”

艾米似乎感觉到了我的尴尬，继续说：“你先到会议室吧，我去看看迪克和迈特在哪儿。如果你想喝点什么，就到茶水间自己拿。”她边说边指了指会议室旁边的一扇门。

一分钟后，我独自坐在鱼缸形会议室的橡木桌旁，打开了一罐健怡可乐，然后忽然如梦方醒，让我和马蒂备感沮丧和焦虑的灯塔公司，原来就是这样的。

突然，我有一种冲动，想要站起来，潜入这办公室的每个角落和缝隙，悄悄探查一番。偷偷看看他们是怎么开会的，听听他们是如何在电话里密谋对付我们的。但这种冲动很快就消失了，相反被一种很奇怪的想要逃离的感觉所取代。

我无法判断自己是害怕面对过去几年我一直厌恶的这只“小

怪兽”，还是发现它并不像我所想象的那么丑陋。不过我也来不及细想了，因为这时艾米和她的两个同事走进了会议室。

正面交锋

第一个走上前和我握手的是迪克·詹尼斯。他是三人中最年长的，在我的销售经历中曾多次听到他的名字。他比我想象中的身材要高大些，有些谢顶，年纪在 50～60 岁。对于这个年纪的人，他的体型保持得相当不错。迪克的握手简短有力，也和我想象得差不多，因为我深信，名叫迪克而不是理查德的人应该都是硬汉。

迪克看上去和艾米一样友善而平和，我又感到一阵不安：难道他们不知道我是谁，也不知道我为何而来吗？

还好，另一位合伙人露出了一丝紧张的神色，让我重新回到了现实之中。他叫迈特·奥康纳，是三人中最年轻的，一头红发、满脸雀斑。和我握手时，他面色严肃，而且迅速移开了眼神。

迪克首先开腔：“欢迎来到半月湾，杰克。一路顺利吗？我们的办公室有点难找吧？”

我回答说：“不会。”接着，我们便寒暄起来，从天气聊到那座蓝色条纹的灯塔，又聊到他们办公的校舍建筑。然后，我决定转入正题。

“好吧，各位，那么我们来谈谈现在的情况吧，”没等他们发话，我又接着说，“看来情况有点糟吧！”

我有点担心他们会毫不犹豫地回答：“没有啊，其实我们一切都挺好的呀。”

幸好，他们反应还算正常。迪克苦笑着说：“没错，现在公司的确士气不高。”

另两人也点点头，不过艾米稍微纠正了一下迪克的说法：“当然也不是每个人都忧心忡忡，他们只是太震惊了，还有些担心。不过大家最近都挺忙，所以还好。”

“那公司最近业务如何？”刚问完我就觉得有些不妥，于是补充说：“通常我都应该事先了解相关情况，但是这次我两天前才得到消息，而且这两天一直在出差，所以……”

迪克打断我，宽慰地答道：“没关系，我们也一样，有点忙晕了。”

最后开口的是迈特，他说话时略带防御的口吻：“我们最近比以前还忙，人手完全不够用。这个月已经不得不推掉两个客户了，都是好客户，因为实在忙不过来。对了，今天早上我们还勉为其难地接了一家新客户，对方就认准我们了。不过等到几位休假的员工都回来，人手就不会太紧张了。”

虽然我装作面不改色，但对方的话还是让我暗自吃惊。

要知道，在 K&B 咨询公司，只要客户付给我们费用，我们可是从来不会主动推掉客户的。如果人手不足，我们就会借调同行，招聘新人，当然最常见的做法是让员工晚上和周末加班加点。果然如马蒂所言，这家公司简直就是个乡村俱乐部！

“哦，忙是好事。”我竭力让自己表现得很真诚，但是看起来可能还是有点居高临下，“对了，你们说的新客户是？”

“是圣马蒂奥一家做供应链的公司，叫作 Boxcar。”艾米回应说。

这一下我觉得自己实在有点绷不住了。

Boxcar 是我们一直跟进的潜在客户，而且我一直认为这家公司与我们合作的概率很大，真没想到他们竟然选择了灯塔公司。

虽然我很想知道灯塔公司是怎么赢得这单业务的，但是那样无异于暴露出自己的失败。于是我决定换个话题。

“那么，你们对 K&B 咨询公司了解多少？”

又是艾米第一个发言：“我知道你们的总部在市区，规模比我们大得多。关于你们是如何开拓市场和怎么服务客户的，我知道得很少。我想你们肯定有很多部门，涉及不同的业务，不过具体有哪些部门和业务，以及与其他大型咨询公司有何区别，我就不太清楚了。对我来说，其实也都差不多。”

对她说的话我可是一点儿都不信。作为灯塔公司的资深合伙人，她怎么可能对自己最大的竞争对手一无所知？

这时，迈特开口了："我记得五六年前有一次在飞机上，坐在我旁边座位的人就是K&B咨询公司人力资源部的，据她说你们在全国有四五个办事处，公司好像有五个部门。"

我客气地纠正他："我们的办事处现在已经发展为七个了，新增的两个分别在伦敦和北京。我们的部门也已经合并为四个了，其中一个是战略业务部，就是我所在的部门。人力资源部，负责人力资源、团队建设，以及组织层面的事务。财务部，负责从并购到投资的所有事务。另外，还有M&O（Manufacturing and Operations，生产和运营）部门，他们负责的内容从名字就能看出来。"

迈特忙着把我说的内容详细地记在本子上，就好像他对K&B咨询公司真的一无所知一样。

"K&B咨询公司的公司文化是什么？"迪克问道。

"团队、专业和用户至上。"我不假思索地回答。

"为什么是这三条？"迪克又问。

"这个嘛，你这么问，我也不知怎么说，其实我也不是很清楚。既然公司的宣传手册和网站上这么写着，我们也就都这么说。"

当然，我可没有真的这么说。我只是说了一些如"跨领域协作、为客户提供增值服务”等不痛不痒的话。坦白来讲，我真的不觉得 K&B 咨询公司有什么企业文化，如果有，就只有一条，那就是想尽一切办法“把客户哄开心，让他们签支票”。对我来说，这可能是咨询公司最好的文化。

“那么你呢？”艾米问道，“你在 K&B 咨询公司工作多久了？担任什么职务？”

我开始相信她对我和 K&B 咨询公司真的一无所知了。如果换作我，面对公司被兼并这样的大事件，我肯定要想尽一切办法，像中央情报局一样调查清楚，到底发生了什么，到底是谁在操作这件事，以及为什么会发生这种事。可是艾米呢，就好像一个路过看热闹的人一样。

“嗯，我负责战略业务部的销售工作。在 K&B 咨询公司工作五年多了。在此之前，我曾经在一家大型的医疗设备公司担任战略规划副总裁。更早时候，我在波士顿读商科。”我顿了一顿，虽然感觉有点不好意思，但我还是加了一句：“是在哈佛大学。”

看起来他们对我很感兴趣，也很亲切，即使我故意提到“哈佛”这个名头。

这时候，迪克不动声色地开始问我最关键的问题了：“那么，你们到底打算怎么处理我们公司呢？

哈，终于谈到实质问题了！

实质问题

我停顿了一下，但没有表现出任何尴尬的样子，回答这个问题正是我此行的目的。“这个要看情况了。不过很显然，我们是出于对你们事业的尊重才提出收购的。在这个行当，人才就是唯一的资产。所以我觉得，你们的员工不需要有任何的担心。”

虽然我没有明目张胆地说假话，但说出这么空洞而模棱两可的话还是让我感觉很不好。不过转念一想，现在兼并中对被收购的公司不都是这么说吗？

我可不打算告诉他们马蒂对他们公司的评价。我更不会告诉他们，我们收购他们最主要的目的，是排除异己，抢走客户。如果事实真的如此，那么很快就会暴露出来，所以我没必要在收购的初期阶段就让事情变得更加复杂和困难。

这时艾米开始提问了，她的态度似乎有了一些微妙但又很明显的变化。她突然间自信起来，甚至有些咄咄逼人：“杰克，你对我们了解多少？”

我感受到了来自她话语里的威胁，不由得有些结巴：“呃，那个，据我所知，嗯，你们在业内口碑不错。”我想恭维他们几句，可又不想让自己显得底气不足，失了威信。于是我接着说：“我知道你们在高科技行业做得不错，很多客户都是本地企业。”

三个人点点头，满脸期盼地等着我的下文。可我实在是没有更多可讲的了。当艾米意识到这一点时，她接过了话头。

“没错，我们的客户主要来自湾区，不过不全是高科技公司。我们之所以侧重于本地客户，是因为几年前麦克·凯西认为这片区域商机无限，而且不用四处奔波。现在我们很少出差，除非有特殊情况。

麦克·凯西的大名终于出现在我们的谈话里。不过我可不想继续讨论任何跟他相关的话题，至少现在还不是时候。

于是我又转向了另一个话题：“你们只做战略咨询方面的业务，对吧？”

“当然不是，事实上我们不仅做战略咨询。”迈特反驳我。

迪克微笑着说：“我们把自己当作一家战略咨询公司，可最终我们给客户提供的服务都超出了战略的范围，如组织发展，还有运营管理咨询。”

这对我来说可是个新闻：“也就是说，在你们拿到新客户并获得认可之后，还会卖其他项目给他们？”

艾米瞥了我一眼，说：“不是这个意思啦！是客户主动要求我们增加其他服务项目，一般我们会依照客户需求开发相应的服务内容。对其他的服务我们不扩大宣传，是因为我们的每一个项目都从战略咨询开始，也以战略咨询结束。”

我真想把这些一字不漏地记下来，但我不能这么做，因为我不能表现得太好奇或太激动。

就在这时候，一位身穿牛仔裤和休闲衫的年轻女员工走进来，把一摞文件夹放在了桌子上。艾米告诉我，这是玛丽，公司的初级咨询顾问，对方打过招呼后就离开了。

我拿起一份文件夹，看到上面的财务信息和客户资料，心中暗喜。我超级喜欢数据，因为它们最能说明问题。我有种预感，接下来的会议肯定会有新的重大发现。

重大发现

迪克向我解释了桌上这摞文件：“我们觉得你可能想看看这些文件。这里有我们的客户名单、我们提供的服务内容、每个客户的服务时长，以及公司的成本费用明细情况。”

接下来我们花了半小时，仔细分析了各种数据，尤其是那些我感兴趣的部分。“吃惊”二字都不足以形容我的心情。

首先，灯塔公司的客户名单比我预想的分量大得多。虽然数量上还无法和我们公司比肩，但在某些方面含金量很高。这一点我不得不承认。

其次，他们的单位客户成本比我们略高一些。大概是因为他们初级顾问很少。事实上，他们的平均薪资远高于我们，而高级合伙人的薪资比我们公司的低。灯塔公司不像我们在 K&B 咨询公司那样，聘用了大量的缺乏经验、埋头苦干、工资少得可怜的年轻人。

按照他们的成本结构，我猜测他们的利润水平肯定比我们低不少。因此，当目光扫到公司利润率那一页时，我不由得揉了揉眼睛再三看了看。天啊！这怎么可能？灯塔公司的利润率居然比我们还要高!

"不对吧？!"我大声嚷道，但话一出口马上就意识到自己的失态，"我是说，你们单位客户的利润率怎么会比我们还高出 3～5 个点，这怎么可能呢？"

艾米和迈特赶紧翻到自己的文件夹中和我相同的那一页。

迪克直直地盯着我，仿佛想读透我的心思："为什么不可能呢？"

"我不明白，"我结结巴巴地说，"如果你们不用初级顾问，你们的薪资结构就比我们高，那么整体的成本也会比我们高。如果你们要获得比我们更高的利润率，除非你们……"

我不知道是我停顿了一下，还是艾米打断了我。反正她帮我把这句话说完了："除非我们收取更高的费用，对吗？"

"没错。"我心想，这是绝对不可能的事。就连 K&B 咨询公司这样知名的公司，都会被批评收费过高。

我把文件继续往后翻，寻找收入和费用明细表。我边看边漫不经心地说："就算我们的费用支出多一些，但这并不足以解释……"

这一次没有人来打断我，是我刚好看到了客户服务收费那一页，禁不住脱口而出："这绝不可能！"

"怎么啦，有什么问题吗？"迪克关切地问。

过了好一会儿，我才意识到他在问我问题。"不不，没什么问题。只是，呃，你们真的向客户收这么高的费用吗？"

艾米凑过来看了看我手里的文件。"我看看。哦，不，这个数不准。"

还好，我松了一口气。艾米接着又向我解释说："我们的费率上个月刚刚调整过了，现在的费率应该比之前还要高出七个百分点。"

听到这话，我简直要失控了。按照常理来说，这时候的我应该会保持镇静，掩饰我内心的惊讶，给我自己和我的公司保留点面子。但我已经做不到了。我对他们说："你们是在耍我吧！"

他们全都笑了。我觉得他们既被我说的这句话逗乐了，也透着那么点自豪。"没有啦，"迪克说："我们就是这么收费的。"

既然已经说到这一步，我干脆直说："你们的客户不会抱怨吗？我的意思是，这个费率真的很高啊。"

这下轮到他们三个一脸迷茫了。

迈特开口了：“一般不会。我的意思是，有时候的确有些客户会跟我们说负担不起，这在任何行业都很现实。不过总体来说，我们的客户都还能接受这个费率。”

艾米补充说：“一旦我们和客户建立了合作关系，他们几乎从来不会再提到费用问题。”

不知道为什么，听到这话的时候我感到异常恼火。现在回想起来，大概是因为我的嫉妒。他们就像在我的伤口上撒了把盐一样，一遍一遍地提醒我：他们比我优秀！灯塔就是比 K&B 强！

我决定稍微做些退让，也努力地挽回一点面子：“好吧，显然还有很多别的原因可以解释这一切。我想你们在成本结构上应该还有降低的余地。”

我的话让他们呆住了。我知道他们在想什么——“你是不是觉得我们的薪资太高了，打算降我们的薪水？”

仿佛我们到目前为止在会议期间建立的一点儿好感瞬间就消失了。他们还没来得及接着说点什么，只见公司的员工三三两两地来到了会议室。

艾米看了看表，面无表情地对我说：“呦，都十点半了。今天我们开例会，你跟大家说几句吧。”

情况不妙。

火上浇油

短短几分钟，会议室里已经挤满了近20人。我不记得他们到底有多少人，也不记得他们长什么模样。因为，坦白说，我有些发蒙。失去三位灯塔公司合伙人的支持，我有一种奇怪的感觉，灯塔公司的这些员工就好像一群愤怒的村民，手握火把和干草叉子，正准备围攻一只野兽。

好吧，即使我是野兽，今天也要当只好野兽。我暗自想着。

等员工们坐下来后，迪克开始说话："各位，谢谢你们来参加会议。这位是杰克·鲍尔。"他边说边转向我这边，这时候人群里传来窃笑声，显然有人注意到了我和那部知名电视剧的男主角同名。迪克假装什么也没听见，继续说："下面就请他做个自我介绍，然后跟我们谈谈公司未来几个月的安排。"

然后就轮到我上场了。

"谢谢迪克。大家好，我是杰克·鲍尔，不过我可没有电视剧里那个超级特工厉害。"没有人笑。要知道，以前无论是客户还是同事，甚至是机场摆渡车上的陌生人，只要我对他们说这句话，都能引来他们的笑声。今天，竟然毫无反应！

好吧，既然你们这样……

"我是K&B咨询公司的高级合伙人，在战略业务部工作。从今天开始，由我来负责监管灯塔公司，以及筹划与 K&B 咨询公司的整合。”

这时候，会议室的后排有人举起手来，是一个穿着运动休闲装的家伙，在我眼里，他就是一个举着火把的村民。

“你说的‘整合’是什么意思？”

“呃，看来我得澄清一下。并不是因为觉得你们要破产了，我们来接手。实际上，你们做得非常好。”

说完这句话，我还是没感觉人群中的气氛变轻松多少。我索性就像动画片《史努比》里那些成年人一样喋喋不休地继续说下去。

“不过呢，在任何一场收购中，为了达到协同效应，都需要做一些必要的调整，从而使公司的资产价值最大化。”唉，就连我自己都觉得自己是一副咨询顾问的腔调。

这时又有另一个人举手。这次是一个拿着干草叉子的女村民。她问道：“为什么不由我们灯塔公司的合伙人负责监管？”

会议室里一片寂静。

我装作受伤的样子，想缓和一下紧张气氛：“嗯，我希望大家还是更直接一些，我看得出来你是话中有话啊。”

令我欣慰的是，这引起大家一阵哄笑。当然，我听得出其中更多的是冷嘲热讽。

让我出乎预料的是，这时迪克跳出来为我解围了——至少我是这样看的。“听着伙计们，K&B 咨询公司肯定需要派人来和我们对接，以便让我们融入他们的管理架构。他们不可能对我们不管不问，然后等着每个季度看看我们的报表来知道我们干得怎么样。”

有些人开始点头，对他的说法表示认同。

这时艾米也开口说话了：“这样做并不代表我们三个人就撒手不管了，再说杰克也不是天天在这里，公司的日常业务还由我们负责。”

我不敢确定她说这番话是在帮我，还是在暗示这里仍是他们说了算。虽然我不介意她这么说，也不想让自己站在他们的对立面，但是我不自觉地还是要显示一下我的权威。

“艾米说得没错。我还有我自己的客户，还要负责 K&B 咨询公司战略业务部的销售，所以我也需要经常出差。”我朝迪克、艾米和迈特站着的位置望过去，“那……这里就要靠你们三位啦！”

我知道这么说显得我有点居高自傲的意思，我也无所谓了：“不过你们得接受一些改变，可能与销售、咨询费用、薪资结构等方面有关。但正如你们所知道的，当高层说他们不打算对收购企业做任何改变时，他们一定是在说谎。”

这时艾米开口了：“杰克，你能跟我们说说 K&B 咨询公司的组织架构，以及在过去这些年的发展历程吗？”

这个问题问得太是时候了，我正发愁怎么转换话题呢。于是在接下来的 20 分钟里，我把 K&B 咨询公司的情况大概介绍了一下，还回答了几个有关行业趋势和公司利益的小问题。慢慢地，我感觉大家似乎放下了手里的火把和叉子，不过他们可能随时又会把它们抓在手里。

我暗自庆幸自己今天可以全身而退了。这时有人问起了有关企业文化的问题："我听说你们 K&B 咨询公司是个血汗工厂事务所，工作和生活很难平衡？"

事实上，这不像在提问，更像一个声明，有一些预防性的声明。"这我说不太好。只能说我们公司晚上八点之后还有人在工作，周六也有人在加班。我是说我们有着这样的责任文化和对客户尽心竭力的传统。我们公司可能不适合那些更喜欢像乡村俱乐部或游乐场一样的工作环境的人。"我给出了一番极其不恰当的回答。

四周一片死寂。迪克强行结束了这个话题。

"各位，如果没有其他问题，那么就先谈到这里吧，我们会随时把消息告诉你们。"

于是员工们陆续走出房间，其中几位和我握手，但是什么也没说。

我以为自己挨过了最艰难的时刻和最糟糕的状况，但我错了。

强烈抵制

等到员工都出去了，迪克、艾米和迈特，我的三位新的好朋友向我靠了过来。

又是艾米先开口："好吧，看来我们应该多花点时间在一起，看看接下来怎么办。"

我多希望马蒂能和我一起来，感觉他临阵脱逃了，甚至我自己也想逃开。我需要整理一下思绪。

于是我尽量镇定地提议："是啊，我们确实还需要多一点时间好好讨论一下。"我停顿了一下看了看手表，说："真不巧，我一小时之内就得回城里，这周其余的几天我都要出差。"

迪克皱了皱眉头，正准备要说话，我不太客气地拦住了他："要不周六在我的办公室碰头吧，到时候我们一起把所有细节都敲定。"

我不是在征询意见而是直接提了一个建议。虽然我知道他们会讨厌这个主意，但我是不会退让的。我心里想：是时候让你们知道游乐场里的生活将要改变了。我还是没能成功地战胜内心的骄傲和恐惧。

"十一点怎么样?"

值得欣慰的是，他们都没有做出任何惊讶的反应，只是打开掌上电脑查看他们的时间表。

“周六上午九点半有一场足球比赛，我要做教练，所以我最快也要中午才能赶到。”迈特用一种挑衅和询问的眼神看着我。

我不想完全不讲道理。“中午行吗?”我看着艾米和迪克。

他们点点头表示没问题。

“那好，到时候我们共进午餐，大约需要讨论到下午四点。”

于是他们在掌上电脑上输入会议时间，我也收拾东西准备离开。

迈特望着我，那眼神仿佛在说“你一直都是这么浑蛋吗，还是以后能有点长进？”

跟他们告别后，我快速离开了。在开车回公司的路上，我越想越觉得这帮拿校舍当办公室的家伙真的幼稚至极，看来，需要大人好好管教他们了。

想到周六的会，我不禁觉得一出好戏要上演了。

汇报工作

回办公室的路上我给马蒂发了一条短信。等我到达时，他已经坐在我桌子前等我了。看到我进来，他甚至都没有起身。

“跟我说说看，这次去感觉这么样？有意思吗？”马蒂咧嘴笑着，那神情就像一个高中生在问朋友初次约会的感觉似的。

我故意卖了个关子，慢悠悠地说："有意思？我可一点儿不觉得。"

"哦？那你到底是什么感觉？"

"要我说，是怪异和难受才对。"

马蒂的好奇心被我引出来了："哈，怎么回事？快跟我说说都发生了什么？"

于是我开始讲述此次短暂的游乐场之旅，我们现在开始称灯塔公司为游乐场。马蒂听得很入神，当然，我不得不承认，我可能有点夸张和美化，这回我也要逗逗他。

当我告诉他 Boxcar 的单子被灯塔公司抢走了时，马蒂被惊到了。

"你上周不是还去过 Boxcar 公司吗？我还以为我们马上要签合同了呢！"

我耸耸肩说："更气人的是，灯塔公司差点不想接这个单子，因为他们现有的业务已经忙不过来了，而且刚好有几位顾问正在休假。"

马蒂摇了摇头，我几乎能感觉到他的血压在升高。

我实在不想让我的上司更上火，但我还是得把带回来的文件给他过目。没等我介绍，马蒂就一把抢过文件夹。他一边看，我一边就在犹豫，到底该不该直接告诉他灯塔公司的收费情况，还是让他自己去发现——其实这也要不了多长时间。

“这肯定弄错了，”马蒂一脸自负地望着我，“你看到收入和费用的明细了吗？”

我点点头：“事实上，他们目前的收费率比你看到的这个还要高。可他们的客户好像对这么高的收费没什么感觉。”

“别听他们胡扯！”马蒂边看边说，“我很清楚咱们给 Boxcar 的报价，客户不可能接受他们这种收费率。”马蒂停了一下，对我说：“给他们打个电话。”

“给谁打电话？Boxcar 吗？”

“不不，我是说给灯塔公司的人打电话，问问他们的报价到底是多少。”

我有点犹豫了：“你不会是认真的吧？”

“我当然是认真的。快，我就想知道他们的报价。”马蒂答道。

“您不觉得这么做显得我们很绝望，很可怜？况且我才刚刚从那儿离开……”

马蒂不耐烦地打断了我；“我才不管那么多。听着，现在是我们收购了他们，灯塔公司现在是我们的了，这帮人都得为我们打工。他们怎么想我才不在乎呢！”

看到我不置可否的样子，马蒂说：“算了，还是我来打电话吧。”

“哦，别，这样的话就显得更奇怪了，还是我来打吧。”

十分钟后我们已经知道了答案。Boxcar 愿意支付给灯塔公司的价格竟然比我们的报价高出了十个百分点！马蒂快气疯了。

“这实在是太不合情理了，”马蒂望向窗外，“我要参加你们的下次会议，你们下次会是什么时候？”

“呃，是这周六。”

“这周六？为什么这么晚？”

“因为这周其他时间我都在出差。另外，老实说，更重要的是，我想让这些人意识到，他们的工作、生活会发生怎样的改变。”

马蒂皱起了眉头：“不行，这周六我要参加高尔夫球赛。明天就找他们开会。”

“明天？这也太快了点吧？”

马蒂摇摇头说：“我不这么觉得。明天下午一点之后我有时间，必要的话咱们可以推掉其他安排，一直开到晚上。对了，吉姆明天也在公司，他正好可以过来和新员工们见见面。嗯，就这么定了，你去调整一下明天的工作安排。”

“可明天我要去达拉斯出差啊!”

“是去参加 Rockridge 的会吗？别去了，你没必要去，这边的事更要紧。”

为了灯塔公司而不得不退出 Rockridge 的会，这可不是一件令人愉快的事。我不想让吉姆过早地参与进来，尤其是在艰难的开始阶段。但我可以看出马蒂已经下定决心要这么做了，也知道他这个人言出必行。

再聚首

我告诉迪克会议安排有变，他同意调整自己和其他人的时间来配合我们，我想这一定不容易。

我也稍微妥协了一点，同意把会议开始时间改成下午两点，因为迈特上午要和客户开会。幸好这位客户就在旧金山市内，他不用花太长时间就能赶到我们的办公室。

我们的总部位于泛美大厦——这个带有金字塔式尖顶的大厦几乎代表了旧金山的天际线。与灯塔公司总部不同，我们选择这里就是为了给人留下深刻印象。我们定的会议室在大厦的 20 层，可以看到恶魔岛、天使岛和金银岛，还有旧金山湾川流不息的海湾航运。大厅装潢时尚，有点极简主义的味道，不锈钢、黑色皮革和桃花心木相得益彰。

虽然我们并不总是穿西装去上班，但我们经常系领带，穿休闲外套。从半月湾来的朋友们好像常穿卡其布的裤子和便装鞋。

下午一点四十五分，迪克、艾米和迈特已经到了，正在大厅等候。他们没有为了这次会面穿正装。在自己的地盘上和他们打招呼，我感觉自信多了，也想让他们感觉舒服一点。

“嘿！各位来得很早啊，看来路上应该不太堵。”

迈特解释说，他和客户开会的时间比他预想的短，另两位表示来这里一路畅通。他们似乎没有为前一天的事情显露出任何不满。

我尽量亲切和蔼地说：“我很高兴咱们能改到今天开会，毕竟周末不用加班总是件好事。”

三人表示赞同。随后我带他们进了会议室。

就像以往所有的访客一样，他们也对窗外的风景赞叹不已，每个人都有故事可说。艾米指着电报山山顶的科伊特塔告诉我们，她丈夫 14 年前就是在那里向她求婚的。

我们聊到一半，马蒂进来了。

展　示

开始开会，我先确定了会议的主要议程。事后证明我着眼的角度是错误的。

“我想今天我们开会最重要的事，是双方介绍一下各自的工作方式，如我们都使用哪些模型和工具？如何衡量我们的工作成果？我们的收费是如何构成的等。”

马蒂接着我的话说：“众所周知，有多少咨询公司就有多少种咨询模式，我猜我们的做法和你们是非常不同的。”

“这么说有什么依据吗？”迈特问，但不是用一种防御的语气。

马蒂有点疑惑，还有点恼火：“你说什么？”

“我的意思是，你认为我们的服务和方法论与你们是不同的，依据是什么呢?”

马蒂犹豫着说：“首先，你们公司的规模决定了你们做的调研可能比我们少。此外，你们的咨询顾问经验水平不一，因此你们数据分析的模型或许不会太严格。”

令人惊讶的是，灯塔公司的三位合伙人毫无畏惧。他们既没有一致点头来认同马蒂的话，也没有被这句自以为是的言辞吓倒。

迪克打破了尴尬的沉默：“那我们开始吧，我也很想看看我们之间有何异同。不如你们先来？”

于是我打开电脑，连上投影仪，开始了我的演示。

接下来的一个半小时，我把我们使用的所有工具、模板和方法论都简要地讲了一遍。他们很诚恳地提了许多问题，马蒂和我也认真地回答了他们。之后，马蒂提议休息 15 分钟。我向三位客人指出洗手间和茶水间的位置，并教他们如何连上我们公司的无线网络。

马蒂和我去了他的办公室。

门一关上，马蒂就问：“你怎么看？”

“什么？”

“你觉得灯塔公司的人是怎么想的？那个叫迈特的家伙是不是太自大了？”

我不确定自己是否同意马蒂的说法，但我不想和自己的老板故意唱反调：“我想一切都会好起来的。他们似乎记了很多笔记，应该学到了一些东西。他们未必经验不足，但是我猜他们用的工具跟咱们比肯定要少一些。”

马蒂示意我往下说，于是我补充说：“他们一下子接收了这么多信息，一时很难消化，可能也在揣测咱们的想法吧。”

马蒂又说：“迈特呢？他到底怎么回事？”

“他只是有点焦虑，毕竟他太年轻了。”

这时电话响了，马蒂看了一眼：“是吉姆。”

他接起了电话。

只说了几句话，电话就挂断了。马蒂的脸上浮现出狡诈的笑容：“吉姆一会儿也来参加会议，和大家谈半小时左右。越来越有趣了。”

我们走出马蒂的办公室，准备开始下半场会议。

个人经历

我们本就比预计的晚了几分钟才回到会议室，却发现房间里空无一人。

我小声跟马蒂开玩笑："他们不会走了吧？"

马蒂干笑了几声："他们可能准备让咱们'见鬼去吧'。"

就在这时，艾米和迈特走了进来，迪克跟在后面，手里拿着一块白板。

我们还没来得及问，艾米就解释说："前台的乔安妮帮我们找到这个。"

迪克把白板放在会议室前面，然后我们各自入座。

"这不会花太长时间，"迪克肯定地说，"因为我们使用的方法论和你们的差不多。"

这话可不是我想听到的。我一点都不相信他，我决定还是由我自己来判断。

还没来得及开始，吉姆·肯德里克就进来了。

"打扰各位了，我过来打个招呼。"

我起身向三位客人介绍我老板的老板。他们互相握手，寒暄一番。吉姆解释说自己是公司的创始合伙人，公司的名字也是源于他的姓氏。

吉姆直截了当："很抱歉打断你们，不过我想先问几个问题，然后你们再继续。"不等其他人回应，他就接着问："你们能否简单地做个自我介绍？麦克·凯西和我很快就签订了协议，因此，没来得及详细了解你们每个人的情况，希望你们原谅。"虽然这听起来更像解释，而不是真正的道歉，但我觉得对吉姆来说，这样说话已经够和蔼可亲了。

迪克首先开口："那就从我开始吧。我帮麦克创建了灯塔公司，已经在这里工作近 15 年了。我先是在加州州立大学奇科分校读农机系，后来实在闻够了粪肥味儿，就去找了一份卖保险的工作。"

大家礼貌地笑了笑。

"再后来一位朋友请我去湾区的一家汽车生产厂当车间主管，在那里我慢慢地得到了提升。工厂里来过很多咨询顾问，我和其中一位关系很近，他邀请我去他们公司，我就去了。五年之后，我认识了麦克。又过了两年，我和麦克开始做猎头和教练工作。"

我都忍不住想问："您多大年龄？您老高寿？"

吉姆似乎对迪克的经历有点好奇，但马蒂特别着迷。他问道："那么你们是怎么决定成立一家管理咨询公司的？"

迪克接着说："噢，是在和客户接触过程中，我们很快就意识到，客户最需要的是战略方面的帮助，我们就开始提供这方面的咨询服务了。后来客户把我们推荐给其他有需求的高管，虽然我们之前还没意识到，但实际上已经有了不断增长的战略咨询业务了。于是我们舍弃了猎头业务，搬到了半月湾，成立了灯塔公司。"

吉姆好奇地问："为什么你们给公司取名叫灯塔呢？"

不知何故，我决定解释一下："因为他们办公室附近的海岸边有一座小灯塔。"

我的三位新的好朋友似乎都不介意我为他们作答。

吉姆转向了艾米："你呢？"

艾米解释说，她曾在加州中央山谷的弗雷斯诺州立大学读商科。后来，她去了湾区的一家零售店当管培生，之后在一家科技公司负责市场营销和公共关系，然后一路晋升。再后来作为初级咨询顾问加入了灯塔公司。

"两年前，麦克和迪克逼着我当合伙人。"艾米笑着说。

马蒂不解地问："逼着你？"

"是啊，她说自己还没准备好。"迪克说。

艾米半开玩笑地回答："他们说不当合伙人就开除我。"

这一切对我来说太可爱了一点，所以我把谈话继续下去。

"迈特，你呢？跟我们讲讲你的故事。"

"嗯，我比这些怪咖小一些。"我们都笑了，"我在这家公司已经工作四年了。"

他说到这里就停下了，我决定继续引导话题。

"那你以前是干什么工作的？"

迈特微笑着看向迪克和艾米，带着一丝紧张："我以前在爷爷的面包店里干活。"

他又停下不说了，我又一次对他施压：“你读的是哪所大学？”

迈特毫不犹豫地回答：“圣母学院。”

迪克和艾米大笑起来。

马蒂不解地问：“这有什么好笑的？”

迈特解释：“因为我上的圣母学院，其实是旧金山市中心的一所天主教高中。”他停顿了一下，“我没上过大学。”

吉姆睁大眼睛盯着迈特，好像迈特刚刚声称自己是“一只青蛙”。

马蒂保持着不动声色的状态，问道：“那你是怎么加入灯塔公司的？”

艾米开口救场道：“迈特这里有点谦虚了。他所说的面包店其实是 Fanucchi’s。”

Fanucchi’s 在湾区可谓家喻户晓，他们的运货车满大街都是，金门大桥周围 161 千米内的每家食品店和餐馆都可以见到他们的商品。

艾米接着说：“那是家有两亿美元资产的公司，而且迈特不只是在那儿工作，他从 24 岁开始就负责那里的运营了。”

迪克补充说：“我们当时向迈特的父亲，也就是公司的 CEO 提供咨询服务，因此，同迈特和其他高管一起工作了很长时间。几年之后，他们把公司卖给了 General Mills，迈特也就有机会出来了。”

我问迈特："你为什么想成为一名咨询顾问？"

"不是他想做这行，"艾米解释说，"而是我们硬挖他过来的。"

迈特补充说："这是个艰难的决定，因为我当时想上大学。但是我已经快30岁了，还有两个孩子。"

迪克打趣说："我们给了他一封无法拒绝的录取通知书。"

他们都笑了。

我们却没笑出来。

迪克解释说："迈特读过的商业书籍和案例研究比十个哈佛的MBA毕业生读过的加在一起的还要多，"迪克停下来看了我一眼，"我没有冒犯你的意思，杰克。"

我摆摆手，故作大度地表示没什么，但是我心里还是想往他脸上狠揍一拳。

吉姆说出了我们的心里话："不得不说，我听到你说你没上过大学，也没受过专业的培训，我真的有点惊讶。这是我的问题，我没有好好研究过你们的简历就匆忙达成收购。"

会议室里的气氛降到了冰点。

马蒂礼貌地问："我有点好奇，请问你们公司有人是硕士吗？"

迪克点点头："有几位员工上过MBA。"

迈特微笑着回答："另外，克里斯塔有加州大学洛杉矶分校的硕士学位。"

马蒂问："克里斯塔是谁？"

艾米："是我们的前台，她的专业是古典文学，梦想成为一个剧作家。"

吉姆退出会议的方式就和他插入会议的一样唐突："各位，接下来的几个月一定会很有意思。"他对灯塔公司的三个客人礼貌地笑了笑，又对我和马蒂挑了挑眉毛，好像在说："瞧瞧你们干的好事！然后就走出了会议室。"

继续展示

我们尴尬地坐在那里，吉姆的骤然离去总让人有点不舒服。

最后，还是艾米说话了："迪克，你来展示一下我们的东西，怎么样？"

马蒂点头表示同意，于是迪克走到白板旁边，花了大概一小时的时间总结了灯塔公司在咨询服务中使用的各种工具。

我当时应该记笔记的，因为有几个工具真的很有趣，而且和我们使用的不太一样。但是我不想让迪克看出来我在向他们学习。

不过灯塔公司使用的方法论大体上和 K&B 咨询公司近五年用的非常相近。我感到有点失落，马蒂的失望更是一览无余。

"就这些吗？"马蒂尽力用平和而非批评的语调问。

迈特答道："是的，我们用的方法论和你们用的差不多。你希望我们再多讲讲？"

马蒂思索着怎么回答比较好。

这时艾米又补充说："如果你们想听，我们当然可以讲得更细致一点，也可以再讲一些不太常用的方法。我以为你们只是想大概听一下而已。"

看得出马蒂已经准备好回应了，他是真的想表现得很友好："不用讲细节，你们讲的概况已经足够了。只是我以为你们的方法会更系统、更复杂一些。"

我决定改变提问的角度，以便寻找我们两家公司之间的主要区别："可以和我们讲讲，你们在每位客户身上花多少时间吗？我知道这需要视情况而定，所以你们只考虑一般情况就行。"

迪克扬起眉毛，看着他的两位同事，好像在说："我以前从没细想过这个问题。"

"让我想想，"他望向窗外，"就像你说的，每个客户的情况都不一样。我估计的话，一般在现场要……"他想了一会儿，"差不多每个月四五天吧。"

艾米和迈特点头表示同意。

"哇哦！"马蒂惊讶得叫出了声。

"你觉得太多还是太少？"艾米问。

"太多了！你们究竟去干什么啊？"马蒂是真的很好奇。

"工作啊。"迈特平静地解释，丝毫没有讽刺的意味。

"那你们可以同时接多少客户呢？"马蒂又问。

艾米问："这个'你们'，指的是整个公司，还是每一位咨询顾问？"

"每一位咨询顾问。"

"一般来说，每位咨询顾问会同时接3～4位客户。"

马蒂皱起眉，露出疑惑的神情，好像在解密或破案一样："同时服务3～4位客户，一个月还能和每位客户共事五天？"

对方点了点头，马蒂看起来欲言又止。但是他没有问，而是深吸了一口气，像吉姆一样唐突地结束了会议："好吧，感谢各位调整时间来参加会议。这次会议很有意义，我对未来工作的开展充满信心。那么会议到此结束，早一点走还能避开晚高峰。"

三位客人看起来就和我一样震惊，但为了避免节外生枝，还是离开了。十分钟后，只剩下马蒂和我在会议室里。

"这根本说不通啊！"马蒂说。

"那您为什么这么快就结束会议了，不多讨论一会儿？"

"因为现在这种情况只有亲眼看看才能搞明白。这就跟咱们服务客户一样，你当然可以坐在那里空谈，但是了解真实情况就必须现场考察。"

我不太明白他的意思："您有什么打算吗？"

"我觉得，接下来几个月你得把主要的时间和精力花在灯塔公司和他们的客户身上。这里面肯定有问题，咱们要弄清楚。"

"可是我没法一直待在灯塔公司，我还得……"

马蒂打断了我："你刚接手的新客户是？"

"您是说 Cymerc？"

"没错，Cymerc 我来接手，不用你再管了。把你负责的 SkyWest 交给克雷格，这几个月我来负责销售工作的运行。这样你就可以把全部的时间都投到灯塔公司那边了。"

他好像突然想起了什么，微笑着补充说："没准你还能和 Boxcar 的人共事呢！"

我脸上的表情一定流露出我对接下来几个月将要发生的事情的恐慌。因为我还没来得及说什么，马蒂就阻止了我："我知道这对你来说很糟糕。只要确保一切顺利，吉姆就不会认为我们两个是傻瓜。我还有十个月就退休了，这是我要做的最后一件事情。"

我觉得我要病倒了。真不知道接下来的几个月我的生活会怎样。

做好准备

第二天，我开始为下周一的半月湾之行做准备。我家住在旧金山机场附近，去半月湾与我平时去市区的方向正好相反。无论如何，我都要为这次重大转变做好准备。

艾米已经给我准备好了办公桌和电话。她还提供了更详细的客户资料给我，这样周一早上我到灯塔公司的时候已经充分地了解情况了。

周六下午，我坐在家里长条沙发上看资料。戴安娜坐了过来，又给我做了一次教练辅导。

“和我说说吧，你们收购灯塔公司的目的是什么？”

戴安娜知道我对新任务提不起精神，她想要帮我。

“不太清楚，我看完全是马蒂的主意。这根本不是出于战略考虑，而是满足虚荣心和好奇心。”

“你们是为别人做咨询的公司，这岂不是很讽刺吗？”

我不想和她争辩：“咨询公司做的许多事情都挺讽刺的，或者说是虚伪的，其实一般都是有野心的。”

“那你呢？”戴安娜问。

“我什么？”

“你的野心在哪里？”

我放下手里的资料：“我不清楚。我只知道这几天自己简直像个傻瓜，以前从没这么晕乎。我只是不喜欢这群人，既不想跟他们争斗，也不想跟他们做朋友。要是马蒂没有怂恿吉姆收购灯塔公司就好了，这样我也没有这么多麻烦了。”

“你不喜欢他们哪一点？”

“我不太清楚，他们就是有点……”

戴安娜打断了我：“杰克，你平时可很少说这么多‘我不清楚’。”

我沮丧地摇摇头：“因为我是真的搞不明白。我只是觉得他们有点太随意、太随和，好像什么都不在意。而且他们正好妨碍我接管战略业务部，我一想就心烦。”

“他们怎么会妨碍你？”

“你要知道，如果这次整合不顺利，我要没弄清楚到底为什么灯塔公司的财务指标看起来比我们好，吉姆·肯德里克肯定不会放心让我去接管战略业务部，那可是占公司收入最大的核心部门。突然之间我发现，我的职业生涯似乎取决于我能否处理好与这群人的关系，而这群人看起来应该在 GAP 店（美国青少年服装品牌店）里工作才对。”

戴安娜温柔地笑了：“希望周一你到灯塔公司的时候，别那么自负。”

我一边拿起资料接着读，一边应付着：“知道了，知道了。”戴安娜说得很对，但是我做不到。

重新认知

我第二次开车上了通往半月湾的高速公路，脑中突然闪过一个不祥的预感：我可能永远也回不了我在 K&B 咨询公司的办公室了。不行，不能这么想。我赶紧掐灭了这个念头，继续往前开。

又看到了那座刷着蓝条纹的灯塔，这回我对灯塔再也喜欢不起来了。要是能把戴安娜一起带来该多好！我逼着自己下了车，走进了灯塔公司的办公室。

“欢迎欢迎，热烈欢迎！”办公室里爆发出一阵热情的喊声。迪克捧着一个大蛋糕，上面用蓝色的糖霜写着：“欢迎杰克· 鲍尔！”大家把我抬过肩头，齐声高唱：“你是我们的好朋友！”

这种事当然没发生。前台甚至没有人。现在是早上八点十五分，办公室里几乎一个人都没有。前台上放着一个信封，上面工工整整地写着我的名字。信封里是艾米写给我的字条，标注了我办公桌的位置，并且告诉我上午九点半有个会要开。她在末尾确实写了“欢迎”，可惜不是写在蛋糕上的。

我的座位在前台后面的一个大隔断内，和三位资深合伙人在同一个区域。我有点不习惯坐在如此开阔的、丝毫没有隐私可言的开放式办公环境中，但是转念一想，这跟小学时上公共小便池没什么两样。

九点半到了，我们开始开会。有事参与让我感觉好了一点。

这是一次公司执行委员会的每周例会。我发现自己和三个新“死党”又一次四个人单独坐在了一起。

“嘿，杰克，路上顺利吗？”迈特热情地问。

“才 28 分钟就到了，比我到市里还快 10 分钟。”我回应说。

闲聊了几句后，迪克切入了正题：“是这样的，在这种每周例会上，我们一般会说说这周有什么进展，每个人现阶段的目标是什么，为了达成目标正在采取什么行动，然后处理一下最近需要解决的一两个问题。”

我点点头。

“不过，今天我们希望能互相多交流一下，什么问题都可以。”迪克接着说。

我不假思索地回答：“不如你们先说？我猜你们已经准备好了。”

迪克微笑着看了看他的两位同事，深吸了一口气，说：“杰克，是这样的，我们将共事一段时间，所以我们希望彼此能够坦诚相待。我们确实对你和K&B咨询公司有些问题想问。”

我自己也深吸一口气，努力回想戴安娜昨天给我的忠告：“请尽管问吧。”

又是艾米第一个开口：“我有一个问题，希望你不会当我是在有意冒犯你。”

我笑了：“这么说肯定就是准备冒犯我了！”

艾米赶紧解释：“不不，我不是这个意思。”

“我是开玩笑的，你问吧。”

“我想知道你为什么不问我们关于麦克·凯西的事？”

我脸红了，他们肯定也注意到了，但我竭力保持着镇定：“这个嘛，我也不清楚。”唉，又是这句“我也不清楚”！我想了想，又说道："不过我想，你们肯定希望我能了解更多关于……"我停顿了一下，看着迪克。

迪克插话说："关于他，你需要了解的的确很多。"

我以为他会展开长篇大论，但他只是说："随着你对公司认知的逐步加深，自然你就会知道了。这样，我们还是先给你介绍一下我们的客户情况和目前手头上的工作。"

再次回想起戴安娜的忠告，我努力克制着自己的自负与小心眼儿："好吧，说实话，我真的很想知道麦克·凯西为什么要卖掉公司。我真的不太理解。"

艾米接过了话题："显然你是知道他为什么离职的，对吧？"

我摇摇头。

迪克难以置信地问："你是说他们没告诉你吗？那他们到底是怎么跟你说的？"

"他们只是说出于个人原因，为了多陪陪家人什么的。"

迈特说："但是这句话太模棱两可，怎么解读都行，还经常被当成'他搞砸了工作'的借口。"

"我就以为是这样的。"我对他的话表示认同。

大家都不说话了，好像对我一无所知感到很诧异。

"好吧，谁能告诉我究竟发生了什么？"

迪克点了点头，表情凝重："真是难以置信，他们竟然没告诉你这件事，你们这是个什么公司啊？！"他停顿了一下，说："抱歉，我只是感觉太奇怪了。是这样的，麦克有三个孩子，都已经长大成人。他的大女儿已经结婚，有两个女儿，一家人住在得克萨斯。”

迪克又顿了顿，我耐心地等着他继续说。

“一个半月之前，他大女儿和女婿出了车祸。女婿去世了，大女儿也受了重伤。”

“那两个孩子呢？”我赶紧问道。

“当时她们在家里。”

我稍微松了一口气，幸好孩子不在车上。

艾米接着说：“麦克和妻子丽兹，立即赶了过去。丽兹此后一直待在那边，麦克只回来过一次，就是为了卖掉公司。他现在在圣安东尼奥照顾女儿一家。”

我花了好半天才把头脑中原有想象出来的东西调整过来，弄明白了目前的实际情况。此时，我脑海中突然涌出一个问题：

“你们都和麦克·凯西的女儿很熟吧？”

艾米点头：“我们参加过她的婚礼，我女儿是她的花童，迪克是她女儿的教父。我们都去参加了她丈夫的葬礼。”

他们三位看起来已经从巨大的悲伤与震惊中冷静下来了，我内心却受到了冲击。我想到了自己的孩子，也想到自己甚至从未见过马蒂的孩子。

沉默了一会儿之后，我小心翼翼地提出一个问题：“那么麦克·凯西为什么要卖掉公司？为什么不让你们来运营，或者干脆卖给你们？”

迪克意味深长地向另两位同事会心地一笑：“我就知道他会这么问。”

“把公司卖给 K&B 咨询公司是正确的选择。”迪克解释说。

“为什么这么说？”

“一个原因是，麦克不会再回来了。他女儿伤得很重，他已经决定全身心地照顾家人了。”

该死，我竟然对麦克·凯西产生了敬意，当初我可是一直很厌恶他。

迈特继续说：“另一个原因是，如果把公司卖给我们，会让我们承担太多压力和风险。如果麦克的离开对业务的影响很大，那说明灯塔公司就没有什么价值可言了。同时，麦克也一直希望我们能分享公司财务上的一些收益，而现在正是个机会。”

“另外，”艾米又解释说，“如果我们和 K&B 咨询公司的合作不成功，我们几个随时可以休一个长假，然后另成立一家咨询公司。”

“那你们为什么觉得 K&B 咨询公司一定会收购灯塔公司？”我想听听他们的想法。

“你想听听我们的心里话？”艾米问。

我睁大眼睛使劲点点头，做出极其想知道的样子。

“我们觉得你们公司有人——当然我指的不是你，是另有其人——非常不喜欢我们，总想干掉我们。不过这可不是说你们像黑手党。”

我们都笑了。

“不过咱们两家公司可算不上天作之合啊！”

“这就涉及财力问题了，”迈特解释说，“K&B 咨询公司财大气粗，能承担得起收购我们的风险，对我们这个小公司来说，这可就是一大笔钱了。我们可以得到一笔不错的分红，还保住了工作。”

我不想告诉他们，虽然这是件好事，但并不是每一个人都会得到这样的机会。

不过不用我开口，迪克就接着解释说：“没能保住工作的员工，会在分红的基础上再收到一笔遣散费，这样他们也能顺利地过渡到下一份工作了。”

听到这里，我简直想要拥抱这些人了。我不是真的要拥抱他们，而是感觉自己很想成为他们那样的人。我逐渐发现，他们的处境其实比我要好，如果合并过程不顺利，他们也不用担心。但我的职业生涯可是会大受影响。

我对灯塔公司的合伙人了解得越多，越感觉我和我的职业发展都糟透了。我陷入了可怕的境地：为了合并成功，我不得不和这群人共事，而他们常常让我感觉到，我有时候就是个浑蛋。

幸好，我妻子这个人比我好多了。

忠　告

那天晚上，我早早地就哄孩子们上床睡觉了，我已经很长时间没有对他们这么慈爱了。然后我又帮戴安娜打扫了厨房，比平时更认真仔细。其实我有些动机不纯，我想要听听她的建议。

我们坐下以后，我开始跟戴安娜述说我所面对的困境。

“看起来我至少要和这群人相处几个月。可我还是不那么喜欢他们，虽然听起来有失公允，但事实就是这样。如果我没能好好完成任务，马蒂的脸色肯定会很难看，弄不好他退休之前先把我给炒了。”

戴安娜耐心地听着。

“明明是马蒂搞出来的烂摊子，他却要求我去收拾，这一点儿都不公平！”我抱怨说。

“你说得对，这确实不公平，”戴安娜的语气平静又和蔼，“不过对那两个失去父亲的孩子，对重伤卧床无法照料她们的妈妈来说，生活岂不是更不公平。”

“我知道，我现在才意识到自己之前的想法有多么自私和愚蠢。但是要求我去完成不可能的任务，这是事实！”

“你为什么觉得不可能完成？”

“因为在吉姆眼里灯塔公司这些人都很不入流，而马蒂根本无法容忍他们。我既要保证合并工作顺利进行，还要做到让吉姆和马蒂高兴。我现在才知道，合并失败对灯塔公司的人来说完全是件好事。一年之后马蒂就退休了，灯塔公司的人可以在家里舒舒服服地数着遣散费，而我只能忙着去找新工作，还得和对方解释自己为什么从这么有名的大咨询公司离职。”

戴安娜笑眯眯地看着我。

“哎，别这样！”

“怎么了？”她问。

“别露出一副‘你自己知道答案’的笑容。”

戴安娜大笑起来：“确实，我觉得你自己知道应该怎么做。”

我摇摇头：“不，我什么都不知道。”

“你知道的，你需要到灯塔公司去，尽力调研和学习，让吉姆·肯德里克刮目相看。”

见我一言不发，戴安娜又说：“不用在乎马蒂会如何，而你一定能获得提升，并且这段经历会让你变得更优秀。”

我又一次摇头，不是不认同她，而是因为我知道她说的对，我必须提升自己的格局才能顺利完成这个任务。

“我讨厌成长。”

戴安娜微笑着拥抱了我。我不由得想起了麦克·凯西的女儿。

第 3 章
故事高潮

善意直言

第二天，我开始向灯塔公司的麦克·凯西学习——个人速成班开学第一天。

我到灯塔公司正式上班的最初三天，会见了灯塔的十多位咨询顾问和大部分员工，和会计人员一起深入分析了灯塔公司的财务现状。艾米还给我做了一次名叫 MBTI[2]的性格测试。（测试结果是，我属于 ENTP 类型，管它什么意思。）

灯塔公司的人都很友好，虽然对我来说有点太随意了。然而，我还是没能明白灯塔公司为什么如此成功，也不知道我们能从他们身上学到什么。

---

[2] MBTI（Myers-Briggs Type Indicator，迈尔斯布里格斯类型指标）是目前最为著名的性格测试之一，由 Myers 和 Briggs 创立。

直到第四天，我才摸到一点这家奇怪的小公司成功的门道。

迪克邀请我和他一起进行一次销售拜访，我欣然同意，因为我实在想出去走走。在去拜访客户的路上，我们顺道去拜访了一下他的老客户 Mariscos 公司，这是一家快速发展中的高档墨西哥连锁餐厅。上周，迪克就是为了和我们开会，取消了和这家餐厅市场主管的会议。这次他想去看看他们新的品牌项目进行得怎么样了。同时，他也认为这是让我了解灯塔公司老客户的好机会，尽管这家公司是已有客户中规模最小的。

这家墨西哥连锁餐厅的总部和我的想象完全不一样。我以为会看到一个土气的小房子，门口坐着一个用墨西哥宽边帽遮着脸打盹儿的人。然而眼前是一栋普通的玻璃幕墙建筑，毫不起眼的大厅，还有接待员玛吉。我只是说大厅不怎么好看，没有说玛吉，她其实很漂亮。

迪克显然跟这位前台很熟，也不打招呼就径直走向后面的办公区。既没拿门卡，也没让人陪同，玛吉却毫不在意，这让我十分惊讶。我们经过了一排用食品宣传单和有墨西哥元素的物品装饰的办公室和小隔间，不少员工向迪克打招呼。

最后，我们来到了一间有落地玻璃窗的办公室门前。门是关着的，透过走廊里的落地玻璃窗，看到办公桌前坐着一位穿着休闲装的男士，正在打电话。他一边对着听筒说话，一边招手示意我们进去。

“我们不能这么做，除非先在波士顿和多伦多开店。”

他指了指桌前的椅子，请我们坐下。

“不，蒙特利尔那边可以先放一放。提姆，我得挂电话了，我这边来了几位客人，周三再跟你谈吧，拜拜！”

刚挂电话，他就站起身来向我伸出手：“你就是新来的那位吧？你好，我是查理。”

我和他握手，做了个自我介绍。

后来我才知道，他就是 Mariscos 公司的市场部负责人。

“你就是去拯救这家无可救药的小咨询公司的人，对吧？”他和迪克大笑起来，我也跟着笑了。

“我觉得他们一点儿都不需要我帮忙。”我努力地表现得很友好。

查理转移了目标，取笑起他的咨询顾问来：“迪克，所以你上周放了我鸽子，就是为了进城去见这群大佬？”

迪克举起双手做投降状：“那是吉姆·肯德里克第一次找我开会，我要是拒绝，肯定不是好的开始。”

查理好像突然想到了什么：“嘿，跟我来。”我还没反应过来，他已经从桌子后面站了起来，走出了办公室。

我们跟着查理走进一间会议室。会议室里有一张大桌子，周围摆着六个白板架，每个白板架上都挂着一张海报。海报上展示着不同的内容：店面、商标、网站，甚至还有名片。每张海报上都有一个渔夫在船上的剪影，外面有红色和绿色两道边框。

“这些是设计师周五发来的样板，月底前我们要做出最终决定。你们觉得怎么样？”查理兴奋地问。

迪克皱着眉头看了看那些海报：“不好意思，我觉得不行。”

起初查理以为迪克在开玩笑：“不行？”

迪克点头：“没错。我的意思是，我以为你们要去掉炸土豆泥和皮纳塔之类的元素，增加一些拉丁风格。”

“我们就是这么做的啊，”查理反驳说，“我们想和那些无趣的、一般的墨西哥餐厅区别开来。”

“但是在我看来，这还是太俗套，只要再加上一个戴着宽边帽睡觉的人，就和一般的墨西哥餐厅没两样了。”

我差点笑出声来。

迪克的话听起来有点刺耳，但是查理也大笑起来。他瞥了一眼会议室的门，然后低声对迪克说：“不过米格可喜欢了。”

后来我才知道这位米格就是米格尔·坎托斯，这家连锁餐厅的老板。

迪克毫不犹豫地回答：“那就把他找来，我们不能让他这么干。”

查理苦笑着摇了摇头：“好吧，我去找他。”

查理出门以后，迪克对我说：“我们为 Mariscos 做了一系列的竞争力研究，还进行了焦点小组访谈。所有的结果都表明，他们需要吸引更年轻的、更高端的顾客群体。他们现在打算往美国东北部和加拿大扩张，这些地方的拉美裔基本上都不是墨西哥人。”

我们又盯着那些海报看了一会儿。迪克又一次摇头：“这些东西简直糟透了。”

“什么东西糟透了？”听到这句话，我才发现一位穿着考究的长者，这家公司的CEO，不知何时站在了我们身后。

没有一丝犹豫，迪克回答说：“这些样板糟透了。它们完全没有表达出我们几周前商定过的要点，不是吗？”

“这可是顶尖的设计公司设计的，我没觉得有那么糟糕。实际上，我挺喜欢的。”

“您具体喜欢哪一点呢？”迪克礼貌而不失自信地问。

“这些比我们现有的更经典，展示出我们的特色菜是鱼。”他停顿了一下，“况且我们已经向设计公司付了15 000美元设计费了。”

我们都笑了。

迪克坚持着：“米格，我们讨论过的，要更像P.F. Chang’s[3]，避免像Red Lobster[4]。我看现在的设计更倾向于Red Lobster。”

“我不同意你的说法。”米格的脸上没有了笑容。

“你并不是觉得我说的不对，”迪克又一次反驳，这次带上了

[3] P. F. Chang’s：美国最知名的中餐馆之一。

[4] Red Lobster：红龙虾，全球最大的连锁海鲜餐厅之一。

一点嘲弄的意味，“你只是不想告诉设计师，他们搞砸了。”

我简直无法相信自己听到这样的对话。米格既没有被逗笑，也没有生气。就连查理也丝毫没有在意刚才的一番争论。

“你看，”迪克继续说，“选择哪个设计，都不涉及我的利益，而且我要承认自己一点艺术细胞都没有。唯一能确定的是，我绝不愿意花 19 美元到这样一家餐馆里吃一条智利海鲈鱼。”他指着店面的效果图说。

米格一言不发地盯着那张海报。过了许久，他才说：“是啊，我也不愿意。”

查理终于开口了，他戏谑地说：“让我花五美元去吃智利海鲈鱼，我也不愿意！”

米格露出了笑容：“那是因为你不爱吃鱼。好吧，样板要重做。”

我们都笑了，查理开始数落起他的咨询顾问来：“这下我只好再跟那些大艺术家们谈一谈了。拜你所赐，迪克。”

迪克又回到了工作的话题。“嘿，我们言归正传？”

米格点点头：“好的。”

迪克把我介绍给了米格，我们互相调侃了一会儿。然后迪克向他们解释说我们还有别的事儿，便告辞离开了。

在去往圣何塞拜访客户的路上，我突然感到自己处境很尴尬。表面上看，我是迪克的上级，可实际上我感觉自己更像他的客人。而且他比我年长 15 岁，因此跟他交流时我又必须注意自己的措辞。

“你跟客户说话总是这么直接吗？”（相信我，我已经努力表现得友善而有礼貌了。）

“你在玩笑吗？这根本不算什么，你应该听听我是怎么告诉米格，我认为他需要换掉他的上一任营销总经理的。”

“这是很平常的事。我只是觉得，你说话的方式……”

迪克打断了我：“上一任营销总经理是他儿子。”

我惊讶得笑出了声：“哇！那他有什么反应？”

“你是说米格，还是他儿子？”

“两个人的反应我都想听。”

“米格的儿子，吉米，其实比他爸爸更容易相处。他知道自己不能胜任这个职位，其实更愿意到餐厅一线去工作。最后米格只好把他换到了更务实的岗位上，让他负责运营最新开业的两家餐厅。”

迪克笑了起来接着说：“米格比较难对付。他可不想听到有人说他儿子有什么问题，所以谁也不敢告诉他。”

“那你是怎么跟他说的？”

“嗯……”迪克想了想，“如果我没记错的话，我当时说‘米格，我觉得吉米就是管理团队中的问题所在’。”

我也忍不住笑了：“不是吧？你真是这么说的？”我一点也不信。

“是的，我真是这么说的。”

“你肯定是因为跟米格很熟，才能对他说这样的话。”

“确实，我现在已经很了解他了，但是当时我们还不熟。我们那时已经共事了几个月，不过，就是在我跟他说了这件事以后，我们的关系才变得越来越亲近的。”迪克想了想，又补充了一句：“那是我们的关系发展得最快的一段时间。”

“所以米格听完之后说了什么？他和你吵起来了吗？”

“我并没有直接走进他的办公室，大声告诉他‘你儿子不称职’。因为我十分理解，想到自己的儿子将要被批评和处置，当父亲的肯定不好受。所以，我先跟他讲了我的亲身经历。有一次我的一个儿子在棒球比赛中表现不积极，我不得不把他降格成替补队员。我妻子和其他几个孩子都很生我的气。而事实是，我这个儿子根本不喜欢棒球，所以才表现成这样。后来他迷上了网球，还拿到了大学的体育奖学金。”

“万一他生气了，把你从办公室里赶出去怎么办？”

“那我就走。但是这种事是不会发生的。”

“难道你当时一点儿都不担心吗？”

“我得承认，这么做确实不容易。但是麦克·凯西总是说，如果我们不能把真相善意地告诉客户，那他们为什么要付我们钱呢？”

虽然我应该已经释怀了，但是此时此刻我还是没有准备好问关于麦克·凯西的事。所以我决定先放一放，主动换了个话题。

“对了，跟我讲讲咱们今天要去拜访的这家客户。”

顺水推舟

迪克告诉我：“Ram 快运是一家货运公司，应该是全美排名前 10 位的运输企业。我们要去见的是公司的 CEO 和运营总监。”

“他们的营收状况如何？”

迪克想了想：“不是很清楚。”

这么关键的信息他居然不知道？我想他大概是忘了具体数字。

“那他们公司有多少员工？”我又问。

迪克随口回答我说：“我不知道。我甚至不知道他们中有多少人是独立承包商，有多少人是全职员工。我猜他们的大多数司机应该都不是正式员工。”

我觉得这不是挑战迪克的最佳时机，所以我停止了提问。很快我们就驶离了高速公路，驶进了圣荷塞机场附近一处写字楼的停车场。

当我们从迪克车上下来时，我忽然发现迪克手里唯一的东西就是一个黑色的文件夹。

我脱口而出问道：“你只带了这个吗？”

迪克惊讶地看着我："是啊，有什么问题吗？"

"难道你不打算给客户做演示吗？没有项目计划书吗？那有讲义吗？"

迪克摇了摇头，"不用，"他看着手中的文件夹，笑了笑，"这东西只是个道具。"他打开文件夹，里面只有一叠纸和一支笔。"如果我什么东西都不带，总会觉得有点怪怪的。"

我开始暗自思量，看来我们最初对灯塔公司的评估应该是准确的。他们肯定在做毒品分销，所以营收数字看起来这么好。也许是半夜里运送毒品，然后把毒品储存在灯塔公司里。这绝对是个好故事题材。

我们走进大楼，这次前台接待员没有让我们随意走动，而是给了我们访客胸牌，让我们等着人来接我们。大堂是典型的公司风格，干净整洁，没有什么特别吸引人的。

几分钟后，一位女士向我们打招呼，她应该是一位行政助理。她把我们领到了楼上的会议室，我们没有点咖啡、苏打水等饮品，只是坐在那里准备我所想的销售演示。

当 CEO 和运营总监到来时，大家简单寒暄几句，CEO 就开始发言了。

"是这样的，我有一个朋友约翰·沙利文，他是 Frigidata 的首席运营官。我和他说起我们要找人来帮忙制定新的战略规划，于是他向我推荐了你们。"

迪克点点头："好啊，能不能和我说说你们为什么要制定新的战略规划？"

CEO 看着他的运营总监说："公司的营收预测现在越来越难做，我们的成本比预计的上升得快很多，可就是找不到原因。而且我们的市场份额也开始下滑，这在过去十年里从来没发生过。"

迪克拿出一叠纸，开始问一连串的问题：销售收入、员工数量、行业竞争情况、成本结构，等等。

我简直不敢相信。

如果这是我初次拜访客户，我早就已经知道这些问题的答案了。我会使用行业术语，引用我在专业期刊或行业报告中读到的任何东西。见鬼，我大概有 75%的把握知道我们能为客户做什么。可这就是迪克，在他初次客户拜访中，才开始做最基本的、最初步的调研。

更糟糕的是，客户对此似乎并不介意。

迪克问完了最初的几个问题后，便走到白板前："好吧，让我来解释一下一家在战略上健康的公司是什么样子的，来看看这些对你们是否有帮助。"

他画了一个和我们平常用的战略分析图相似的图形，最基本的那种。然后他在旁边写了一些与客户、竞争对手和企业核心原则有关的问题。

在接下来的 45 分钟里，我们就在讨论这些。或者更准确的说法是，迪克问了一些问题，CEO 和他的运营总监就来回答。在交流过程中，迪克不时地在白板上画个图示或表格，帮助对方把问题变得更简明生动。

这中间，在大堂迎接我们的那个助理进来提醒他们，10 分钟后他们要开一个电话会议。他们让她把会议往后推一小时。他们太投入了，现在根本停不下来。

又过了 45 分钟，我们（是的，我也加入了讨论）讨论了他们所面临的问题究竟是一个规划问题，还是关于竞争策略的清晰度问题。我不得不承认这非常令人着迷，时间过得飞快。

最后，CEO 抬头看着时钟说：“好吧，我们的时间差不多了。我想还需要和其他团队成员进一步交流一下，还需要市场和财务人员一起来商量解决这个问题。”

迪克点点头：“好的，那我们下周再约时间？”

这两个人表现得像已经达成交易一样，相互看着对方，点点头。

“我们能否在周二管理会议后接着讨论呢？”运营总监问他的老板。

迪克查阅他的时间表：“我周二下午刚好有空。”

“就这么定了。我们就在四楼的会议室，我会让南茜来安排。”

我觉得我快疯了！或者我是在看一部商业烂片，从头到尾甚至没有人提到费用、合同或服务范围。最后，CEO 的一句话终于恢复了一点我以往的信念。

“那么，我们是否应该谈谈咨询费用的问题了？”

迪克似乎并不感到惊讶，但他肯定不是在等这个问题：“如果你现在就要报价，我想我们也可以给你。不过为什么不等到我下周来开会，看看进展情况之后再说呢？如果你确定我们可以帮助你，我们再给你们报价也不迟。”

CEO 似乎很喜欢这个主意。他热情地和我们握握手，和我们告别，真诚地说：“我已经开始期待下周见面了。”

然后我们就离开了 Ram 快运公司。

我惊呆了。这让我想起了高中的时候，当时我终于鼓起勇气邀请克里斯汀·欧文斯去参加舞会。“好呀，”她几乎立刻回答，“七点半来接我。”

这也太容易了。

表里如一

起初，我缺少勇气，或许是羞于挑战或赞美迪克，甚至不敢问他刚才到底是怎么做到的。我所能做的就是试图说服自己：这只是一种非常偶然的情况，就像所有好事同时发生了。不会每一次销售都是这样的，我心里说。

但是，我还是忍不住想要问一问。

“迪克，我很好奇，”我试图装得若无其事，“你为什么今天不试着敲定这笔交易呢？我想他们完全会同意。”我又补充说：“另外，你做得真是棒极了。”我很少这样赞扬别人。

“谢谢。你的投入也非常有帮助。”

他似乎不打算正面回答我的问题，但我还没来得及再问，他又解释说：

“你说的没错，我很确定他们想与我们合作。所以在这一时间点，我不想让他们考虑我们想从这单生意中得到什么，我最关注的是帮他们找出问题。”他停顿了一下，又接着说：“我们也需要确认他们是不是合适的客户。到下周我们就会对此有更清晰的了解。”

“你这是什么意思？”我很困惑，“是不是合适的客户？”

迪克没有犹豫：“嗯，依我看，公司的 CEO 正是问题的关键。如果他不愿意深入下去解决问题，那么我们就不必浪费我们的时间和精力，也不想浪费他们的钱去做表面文章而忽略关键问题。”

我笑了：“只要他们付给我足够的钱，我倒是很乐意做做表面文章。”

迪克也笑了：“多年的经验告诉我们，有一个糟糕的客户比没有客户更糟糕。”

“如果他们付钱给你，怎么能算糟糕呢？”

迪克脱口而出：“首先，这会阻碍你找到其他好客户。因为你不太可能从糟糕的客户那里得到好的评价。事实上，他们很可能告诉所有他们认识的人，你无法帮助他们，因为他们肯定不会承认这是他们自己的错。”他停顿了一下，说：“正如麦克曾经说的那样，这只会让你对这份工作感到沮丧，它破坏了我们的文化。”

我什么都没说，主要是因为，我不太认同他的逻辑，也不太相信他这种说法的真实性。毕竟，这是一种生意，收入才是最重要的。

迪克语气平缓地反问了我一个问题：“那你们是怎么做的呢？”

我想了想：“不太好说，但我想整件事都会和你们做的有所不同。我会做一些研究和一些幻灯片的演示，我也可能向他们展示我们为其他客户做的工作，让他们了解我们的能力。还会给他们一份我们咨询团队的简介和一份我们的推荐人名单等。也可能告诉他们，他们可能要付多少钱……”

说着说着，我渐渐意识到自己就是个推销员，而迪克才是真正的咨询顾问。他根本没有做任何销售，相反，他只是投身进去帮助客户。

我还有更多的问题要问他：“你有没有担心过，在你与客户面谈中，你做了那么多的事情，客户会不会直接拿去用，而不跟你签约？”

迪克笑了：“这也是迈特在最初几次客户拜访后所问的。不，我不担心，很少有客户会这样做。如果他们寻求帮助，那他们就一定是需要帮助。即使我向他们展示的东西极其有用，他们通常也知道，需要有人来帮助他们实施，并且需要有人来帮助他的团队成员都参与进来。”

我很惊讶我竟然认同他的观点。

“此外，”他接着说，“如果他们真的直接拿去用而不签约，那说明他们可能正是那种糟糕的客户。所以这种事儿最好是提前发现。”

听了他的话，我又一次感觉自己回到了高中时代，在去舞会的路上，坐在克里斯汀·欧文斯旁边。如果戴着女士胸花的是迪克，那场面就太完美了。

不怕丢脸

在接下来的两周里，几乎每天我都能从麦克·凯西和他那古怪的小公司身上学到一些新奇的东西。我把它们都写下来，一方面是因为我需要弄清楚发生了什么，另一方面是因为它真的很有趣。当然，也有痛苦的经历。

很快我就意识到，他们有一长串麦克·凯西多年来一直信奉的原则，除此之外，他们的方法论并没有太多框架。我是一个喜欢结构化的人，所以很自然地，我试图找出背后隐藏的模型。

我没有与迪克一起去跟进 Ram 快运公司的会议。因为艾米让我和她一起去参加另一个客户会议，那是一个为期两天的外出会议，地点在湾区东部的核桃溪市。艾米和我认为这样的会议对我来说会更有趣也更有帮助。

早上开车向东穿过圣马特奥大桥时，艾米向我介绍了一些客户的背景情况。MediTech 是一家中型软件公司，帮助医院、医生和保险公司自动化记录管理数据和跟踪处方药使用情况。他们起初聘请灯塔公司来帮助他们评估一个并购项目的效能情况，但后来工作重点逐渐转向组织发展方面。这包括让高管团队对共同的战略目标达成一致，以及如何打破部门之间的沟通壁垒。

有些人，包括我在内，认为这种事情只是“感情用事”。但现在我开始相信，这通常是大多数客户面临的最大问题。关键是要有一种实用的办法来产生效果，而不是什么背摔、集体拥抱或形意舞蹈之类的。

在这次外出会议的第一天上午，主要讨论的是公司的战略问题，其战略重点是技术。虽然我对技术问题并不算完全陌生，但当涉及比较复杂的问题时，我还是感到有些茫然。再加上一些新的医学术语，还有各种没听过的缩略语，我的头都快晕了。我想我大概是这个房间里唯一一个迷失在这种专业谈话中的人。

不过艾米做了一件看起来既荒唐又好玩的事，都不止一次。每当首席技术官或团队中的一位医生开始使用一个我不懂的缩略语或术语时，她就会打断，问他们这是什么意思，显然她也不知道。

有几次，答案其实是显而易见的。她还问了一个问题，只要是看过《急诊室故事》的人几乎没人不知道，这时客户的 CEO 甚至对她露出了家长般无奈又慈爱的笑容。但其实，每当艾米提问时，房间里的确总有其他一两个人和她有一样的疑问。

不懂就问，虽然这看起来很简单，但扪心自问，我一定羞于问客户这些问题。我只会假装知道他们在说什么，然后在休息时偷偷翻阅一下资料，去查一下这个术语。即使我能够再大胆一些，也不过是私下里向别人请教几句。但艾米似乎根本不在乎客户会怎么看待她。

她的大胆不仅局限于问问题。她还常常会提出了一些令我挠头的建议。如果我没记错的话，其中有一个建议与病人的档案有关。当一些高管在讨论如何把这个功能做得更加简单易用时，艾米提出了一个建议，结果大家一听全愣住了，然后哄堂大笑。

我只记得有个人说："你知不知道这样做可是完全违反《HIPAA 法案》[5]的！这牵扯病人的隐私问题。"然而，最令我惊讶的不是客户的反应，而是艾米处理这件事的方式。

刚开始，她也有点惊讶她的建议这么离谱，但她似乎马上就

[5]《HIPAA 法案》：全称为 *Healthy Insurance Portability and Accountability Act*，医疗保险便携性和责任法案；该法案保证在全美对医疗信息进行电子化处理时必须将"隐私性"始终放在首位。

把它抛到一边了。虽然我认为这对她和房间里其他人来说都会有点不舒服，但我相信你现在问他们，也没人会记得了。它就这样平平淡淡过去了。

还有一次，也许他们谁也不记得了，艾米又提了一个荒唐的建议。这次讨论的是一个区域性的小型竞争对手，这个竞争对手的产品拥有比他们更好的用户界面。而他们自己的产品似乎很难操作，为此他们很烦恼，并一直在研究如何模仿其对手。

“你们为什么不直接购买他们的技术呢？”艾米问，“我打赌他们很乐意卖给你们。”

场上一下子安静下来。我敢肯定他们只是想避免，或者减轻当时的不适，以免艾米感到尴尬。

然后，那位技术主管说：“你知道吗，我也一直在考虑这件事。我们使用他们的技术对他们并没有损害，而且他们也增加了收入。”

业务拓展的负责人也插话进来：“我任职的上一家公司对我们的一个英国的竞争对手也是这么做的。因为我们的市场非常不同，双方都认为这是个好主意。”

就这样，艾米轻而易举地就摆脱了尴尬的局面——看起来她好像完全没有感到尴尬一样。我不得不承认，如果你今天问她那天的事儿，她肯定也不记得了。

我开始怀疑（或者更准确地说，担心）我该如何向马蒂解释这些。当然，我还不知道第二天的外出会议更精彩，更疯狂。

以身涉险

当天晚上，我们俩和 MediTech 公司的人一起共进了晚餐。到第二天上午时，我感觉已经和这个团队相处得很融洽了。他们基本上都是很友好和有趣的人，只是有一位女士让人感觉不那么友好，也比较无趣。下面的故事就是关于她的。

这位女士名叫米琪（或者可能叫米奇，但我更愿意叫她米琪），是公司的营销主管。她似乎对什么事都持怀疑态度——不，准确来说应该是讥讽态度。每当发生问题时，她马上说这不是她的错，如果大家之前听她的建议，就不会出问题了。

一开始我还能忍受，但晚餐时我正好坐在她身旁，这变得有些恼人。等到第二天上午开会时，我想打断她，可是必须承认我有点害怕这种自负又喜欢嘲讽别人的人。

会议进行到接近午餐的时候，我们在讨论有关竞争对手和重新设计公司定位的问题。米琪突然开始说起自己以前工作过的公司如何了不起，几年前就在她的建议下采用了与 MediTech 公司完全不同的一种技术平台等。

这时我才逐渐意识到，在会议中人们对待她的方式就是这样：让她一直发泄完，然后再继续开会。这让人很不舒服，可我也没有想出一个更好的解决办法。

轮到艾米了，她就像抢着回答玛丽修女提问的小学生一样举起手，还没等人回应，就说："非常抱歉，但是我觉得我们应该先处理一些事情，否则这套战略根本无法发挥作用。"

会议室一下子安静下来，没人知道艾米接下来要做什么。

"米琪，我知道你是出自好意。"艾米停顿了足够长的时间，直到会议室里恢复了平静。米琪挑了一下她的眉毛。艾米接着说："但如果你每次处理问题都如此……"她似乎在寻找合适的词，"消极，这就是在给团队'泼冷水'。"

（回去的路上我才知道艾米并不知道在网络上"泼冷水"的意思是"靠嗡嗡叫的声音杀人"。我越来越喜欢艾米了。）

艾米继续说："我的意思是说，你有没有注意到每当你这样做的时候会议室就变得特别安静。大家呢？还是说只有我一个人留意到了这一点？"

内心里我想站起来欢呼："这是我开过的最好的会议！"

然而没有人说话。

"哦，原来只有我啊……"艾米看起来有点尴尬。

还是一片沉寂。

终于，公司的首席财务官，也是一位女士，打破了沉默："我得承认，米琪，你似乎总是一副不高兴的样子，每件事都是别人有问题。"

艾米径直走到CEO面前，既没说话，也不看他，似乎在提醒他该说点什么。

CEO接过话来："嗯，你们知道我不喜欢讨论这种事情。我上的是医学院，上帝可以作证，我更喜欢处理医学问题。"

人们笑了笑。

"但我们必须解决当前团队中的一些问题。我看到了，相信你们也都看到了。"

有人微微点头表示同意，会议室的紧张气氛一触即发。

艾米不失时机地接过话头："是这样的，每个团队都会存在这样的问题，这不是什么大不了的事儿。我相信在座的每一个人都有值得改进的地方，如果大家都能改进，那整个团队的表现将比现在好得多。"

没有人点头，但似乎有了一个心照不宣的共识。

"那好，下面我们就来花几分钟，"艾米想了想，改口说，"不对，我看至少要花一个半小时来解决这个问题。"

这时开始有人低声抱怨，其中包括公司的首席技术官。艾米转向他说：

"怎么了，吉尔，你是不是觉得处理这些事情不重要，浪费时间和精力在这上面还不如直接采用你推荐的技术方案？"

"呃，我知道沟通很重要，但有必要搞上一个半小时吗？毕竟，大家都有正事要做。"

艾米正要回答，CEO 插话进来：

“等一下。吉尔，你知道你来我办公室抱怨过多少次吗？”

此言一出，大家都偷偷把目光瞟向米琪，看她有何反应。米琪面无表情。

CEO 继续说着，情绪有些激动起来：“坦白说，我早就厌倦了这些抱怨！”

终于米琪站了起来，“好吧。是这样的。”她深吸一口气，缓缓对大家说，“我承认我不讨人喜欢。实际上，从上一家公司辞职的真正原因就是我跟所有管理人员都合不来。”

这剧情堪比电视连续剧！

“但这种情况不会再发生了，我保证。如果我以后又冒犯到各位，请大家对我明说，我想我能够接受批评。”米琪停了一下，“不过我无法接受的是不和我直接说而说给其他人，或者是先和他说，”米琪边说边指向 CEO，“之后，我才知道。”

说完，米琪坐了回去。

CEO 看着艾米，言下之意是剩下的事情就交给你了。接下来一个多小时，艾米对整个管理团队进行了一次深刻、有趣而又颇有成效的团队有效性练习，让我大开了一回眼界。

首先，艾米要求所有管理团队成员问自己两个有关每一位同事的问题，并记录下来。第一个问题是，这个人对团队的成功最有价值的行为或品质（优点）是什么；第二个问题是，这个人可能削弱团队的行为或品质（缺点）是什么。都写好后，管理团队围成一圈。首先从 CEO 开始，团队成员依次把写下来的有关 CEO 的优点说给他听。当所有成员都说完后，再依次告诉他需要改变的缺点是什么。这个方法很有效，我发现大家的评价和建议都很一致。CEO 诚恳地接受了大家的批评，并承诺尽最大努力去改变他的最大缺点，至于具体是什么我已经不记得了。

接下来，每个人都像刚才 CEO 做的那样，认真聆听同事们对自己的看法和建议，也包括米琪。

有趣的是，当大家称赞米琪是他们见过的最有创意的营销人员时，米琪都快哭出来了。当然，同事们也对她喜欢百般辩解和苛责他人提出了批评。米琪虚心地接受批评，并承诺会努力去改善，可以看出她是真心的。

这个练习结束时，团队成员明显感受到一种解脱，甚至还有欢笑声。这太不可思议了。我以为他们会把艾米抬到肩上在房间里庆祝一番。结果，他们都去上洗手间了。

挡枪的故事

会议的其余部分在我的记忆中几乎是一片模糊，于是我试图梳理一下我亲眼看见的一切，不仅是那天的情形，还有我在灯塔公司的最初几周。

开车回灯塔需要两小时，艾米给了我一个解开心中谜团的机会。

“在你参加的客户会议中，今天的会议算很典型的吧？”我问道，尽量不流露出内心的敬畏。

艾米想了想：“我也不知道哪次会议算典型，因为每次会议都不太一样。”

“噢，那说到紧张气氛和精彩程度，今天的会议你会打几分？”

她笑道：“刚才的会嘛，场面确实比较刺激，不过这种情况不经常发生。”艾米停顿一下，跟着又补充了一句：“过去几年里，类似的情况的确出现过几回。”

我当然不会放过了解更多细节的机会，一路上艾米给我讲起曾经遇到的难缠客户和尴尬时刻。其中最有代表性的是麦克·凯西给一屋子高管做战略推演的故事，那是一家很大的客户，当时正在做全球战略规划。

“公司的 CEO 和管理团队跟麦克一起工作了三周。他们需要把会议内容整合到一起，确定关键数据、制作幻灯片，还要回顾优先事项和竞争信息，看起来这是客户特别困难的一年。后来 CEO 病倒了，麦克不得不替 CEO 给全场 75 个高级经理做战略演示，谁知道他们把整个方案都推翻了。” 艾米摇了摇头表示无奈。

“怎么回事？”我想知道细节，越火爆越好。

“嗯，当时我没在现场，是迪克跟我说的。他们欧洲市场销售主管是个法国人，站起来说了一些类似‘你们美国顾问对欧洲市场一窍不通！这是我见过的最糟糕的咨询分析，白白浪费了那么多咨询费！’等等。”

我笑了：“哇喔，是法国人，这也太难以置信了！”

“他们告诉我时我也觉得不可思议，但是他们很确定当时就是这样，而且参加那次会议的其他同事也都这么说。”

“那……那房间里的其他高管当时反应如何？”

“呵呵，这帮人更有意思，”艾米兴奋地说，“他们居然毫无反应！现场有几个人甚至还附和那个法国人，说公司的战略方向完全错误。管理团队中的六名高管坐在那里一句话也没说，实际上与麦克相比，他们在战略策划和决策方面负有更大的责任。”

“那麦克一定被激怒了？”

艾米略想了一下说：“他当时肯定特别尴尬，这可是当众丢面子的事。不过麦克并没有真的生气。”

“那他后来对 CEO 和其他高管说了什么？”

“就那样了，”艾米微微一笑，“他什么都没说，第二周照旧参加会议，跟对方一起制定新的方案。”

果然没有令我失望，我终于有机会看到麦克·凯西不完美的一面了。尽管如此，我还是想委婉些：“这样……会不会显得有点软弱啊？”

“我和迪克当时也是这么想的。”

就那样过去了真让人难以置信，应该有个“但是”才对，果不其然，艾米又补充说：

“但是当我们问麦克打算怎么办时，他却似乎根本不明白我们在说什么。”

“什么意思？”

“我们当时直截了当地问他‘你是不是应该告诉那些家伙，他们是一群软弱无能之辈’。”我们本以为麦克会放弃这样的客户。

“那他怎么说？”

这回艾米没再犹豫：“我记得他几乎是一字一句地说‘听着，这只不过是我们在工作中偶尔会遇到的不顺心而已。这些高管知道，是我替他们挡了子弹，我会让他们承认这一点，但不会因此责怪他们。要知道，客户花钱聘请我们，是为了能让他们公司更加成功。只要能达到这个目的，我们当一回替罪羊也无所谓。’”

这番话听得我目瞪口呆，好在艾米正专心驾驶，没注意到我的神情。“那……那家客户后来怎么样了？”我想知道。

“后来麦克再见到那些高管时，他们就老拿这件事逗他，显然是知道麦克为此所做出的牺牲。然后，他们就让麦克帮忙一起调整战略。”

“方案成功了吗？”

艾米耸耸肩说：“这我不知道，不过应该是成功了。因为那家客户现在做得不错，还成了我们最热心的推荐人。在接下来的五年里，他们的 CEO 可能至少给我们带来了六个客户。”

我静静地坐在副驾驶座位上，盯着前方车辆的尾灯发呆。

马蒂估计不会想听到这个故事！

私人顾问

我自己就是一名战略咨询顾问，颇具讽刺意味的是，我现在却需要找顾问来咨询我自己的战略问题。我一直把戴安娜当作我的私人顾问，每当我思路枯竭时，我就会去向她讨教。

“好吧，说说你的难题吧。”她主动问，丝毫没有不耐烦的意思。

“情况有点儿复杂，或许也没那么复杂。我不清楚，这么说吧，主要是这家公司做事的方法和 K&B 咨询公司完全不同，虽然我还没能完全弄明白，但我确信这些家伙一定来自另一个世界。”

“这又有什么问题？”

“因为我的任务是将灯塔公司的业务整合到 K&B 咨询公司里面，如果一切顺利，我就会升职为合并后的战略部的负责人。但我真的不知道最后会怎么样。”

戴安娜看起来有点吃惊：“哇，等一下，你这些担忧是从哪里来的？你才接手几周的时间，就开始设想那些未来才可能出现的问题了。”

“是的，我知道这看起来有点悲观。”

“嗯，更像是焦虑，不过，请继续。”

“不管怎样，我已经准备好面对最坏的结果了，马蒂不可能接受我在这里学到的任何东西。他永远不想和这些人一起工作，这就意味着这次收购会失败，我将被踢出局，我的事业将陷入困境……”我顿了一下，戴安娜趁机插话说：

“你最终的下场是被送到西伯利亚，服 15 年苦役，然后被扔进焚烧炉。”

听到这话我原本来会哈哈大笑，因为这是我和孩子们一起预测灾难的时候戴安娜经常说的话。可这一次，我反讽说：“是啊，我知道，我能应付任何事情。这没什么可怕的，都是自己吓唬自己。那些杀不死你的，只会让你更强大。”

戴安娜有点生气了：“你是说我的建议只是陈词滥调？我可不认为我……”

“不不，我不是那个意思，我只是被卡住了。”

“好吧，这就是你要做的。我的金牌顾问先生，我之前已经跟你说过了，但你需要再听一遍：在接下来的几个月里，你要尽你所能了解这家公司的一切，而且你要享受这个过程。天呐，你就不能想办法喜欢这些人吗？”

“不是我不喜欢他们。”

“好吧，你其实已经准备好了。只需把你尽最大的努力学习到的东西直接呈现给马蒂看，然后就顺其自然……”她意识到自己的话又有些说教了，于是停了一下，“你知道我的意思。无论是什么，该发生的就让它发生吧，这样马蒂或许也会有点儿长进。”

我们俩都笑了。她继续说：“好吧，他不会再长了。但他做这件事也是想为他自己带来好处，这里并不是没有他的既得利益。”

然后她拿出了终极武器：“再说了，上帝让你来到人间，难道就为了操心如何哄马蒂和吉姆这样的人高兴吗？所以，尽你所能，讲你所想，别再为那些还未发生的事担心。”

我深吸了一口气：“你知道吗，你应该写一本关于自我成长的书，把这些书放在浴室里，当人们需要有几分钟独处时，就躲进浴室读你的书。”

戴安娜朝我扔了个枕头：“嘿，你这个幸运的家伙，我给你做顾问都不收你钱。”

我开心地笑了，像往常一样，决定听从妻子的忠告。

绝不推销

接下来的五周，我疯狂地全身心投入到灯塔公司日常业务之中。在此期间，马蒂和我发过几个邮件，也通过几次电话。我不失时机地发几句牢骚，目的是不让他知道我到底在想什么。

渐渐地，我也开始参与到公司的咨询业务和决策过程中，但基本上还是遵从迪克和其他咨询顾问的做法。我在灯塔的第六周，就开始独立跟进我自己的两个客户了，其中一个和迈特一起跟进，另一个和公司里一位相对年轻的顾问一起跟进。

我有点不好意思承认，在灯塔公司工作了近两个月了，我才发现一个很明显的事情——我几乎没做任何销售工作！

而在 K&B 咨询公司工作的时候，我大约要花 60%的时间来准备提案和跟进销售拜访，我当时还很享受销售中的那些绝招、技巧，但现在我完全想不起它们了。

我也意识到，这种没有那么正式的销售是导致灯塔公司和 K&B 咨询公司财务上有差距的最主要原因，它的影响比收费或工资要大得多。

在灯塔公司，几乎所有的时间和精力都用于为客户做咨询了，反过来客户成了公司的销售引擎。接到陌生客户打来的电话，几乎都是老客户推荐的，这减少了许多的销售环节。我甚至不确定我是否还会称之为销售。

当接近第三个月时，马蒂决定是时候评估我们整合工作的进展并开始正式合并了。我一拖再拖，把他推了一周又一周，直到他开始生气了，坚持要我们下周必须开会。我只好让步了，安排好了会议。当他告诉我吉姆·肯德里克和另两个高级合伙人也将来参加会议时，我开始变得紧张了。

只有不到一周的准备时间，我开始整理我的笔记，并就麦克·凯西及他对于客户服务和业务的各种经验原则提出更加尖锐的问题。我也开始看到一些模式将这些点逐渐地连接起来了。

当我梳理与 K&B 咨询公司开会的思路时，我计划先跟马蒂和吉姆还有其他高级合伙人，谈谈灯塔公司的文化理念，就像上一堂高温瑜伽课（说实话，我也不知道那是什么），就带着他们自己去体验吧。况且，我还没想好该如何表达我所学到的东西。没有办法避免——这注定是一场献丑的会议。

然后发生了一件事，让我怀疑自己是否应该去开会。

这是我加入灯塔公司后第一次有机会为客户做一个独立的项目。这时我才意识到，“知道”和“做到”还是有很大差距的。

首次尝试

我的这个项目是为一家小型医疗中心提供咨询服务，这家医疗中心位于小镇摩根希尔，是圣何塞南部的一个半农业城镇。

St.Therese 医疗中心是由一群修女募资成立的，其中几个人仍然在董事会任职。为了服务那些住在更偏远的南方地区的病人，他们雇了我们来帮助他们决定是扩建现有医疗中心的规模，还是在南部地区建立一个新的分支机构。

几星期前，我和医疗中心的 CEO 见了一面，讨论了这个项目，我们约定和她的三四个高管一起讨论并做出决定。虽然我已经习惯了灯塔公司同客户的合作模式和实时的客户研究，而不是提前准备答案，但我还是忍不住查阅了我以往做过的相关文档，为会议做好了准备。

我在商学院毕业后曾在一家医疗器械公司工作了三年，而且在 K&B 咨询公司也与很多医疗中心打过交道。其中大部分都比 St. Therese 医疗中心的规模更大，情况也更复杂，所以我认为没有理由不去用我过去的经验来帮助这家客户。

于是我找出我过往的文件浏览了一遍，特别关注与多地点医疗中心相关的成本分析。当工作会议将要开始时，我有信心能帮助他们，而且会有很多可轻松实现的目标。

CEO 米歇尔·托马斯把我介绍给了几位高管，他们将和我一起在三楼的会议室里度过接下来的九小时。然后米歇尔宣布开会："我们将在这里待上九小时，或者可能更长时间，直到我们弄清楚哪种扩张方式是可行的。虽然我确信这里有很多观点和情绪在起作用，但我们要确保我们的决定从长远来看是最为合理的。"

说完，她就把会议交给了我。

我仔细打量了一下这个房间，觉得这个小组可能从来没有做过这样的决策，而且他们很可能没有足够的能力和经验来掌握所有必要的变量。所以我决定从我自己的假设开始，先讲最终的答案，再往回倒推其合理性。我猜想如果抓紧点时间，我们在晚上十点钟就能做完。

“好吧，几年前，我在俄勒冈州本德市的一家医疗中心开展过类似的项目，这家医疗中心叫 Good Shepherd 医疗中心，规模跟你们差不多大，所服务的社区也跟你们差不多。除了为他们提供品牌重塑和成本管理咨询，我们还帮助他们做了一个类似的建立分支机构的方案，我们提出了一个模型，我认为这个模型可能对你们有用。”

我打开投影仪，投出我在俄勒冈州客户那里用过的一张图表。

“当时 Good Shepherd 医疗中心的管理团队非常希望在边远地区拓展和建立新的分支机构，既为那里的病人提供服务，又可以抵御来自竞争对手的威胁。但正如你们所看到的，数据清楚地表明，这样做他们在财力上是根本无法支撑的。”

这群高管盯着图表看了很久，远远长于一般消化理解数据的时间。我意识到，他们不仅是在理智上消化它，而且逐渐妥协了，接受了不建造新医疗中心甚至不扩张的想法。

在接下来的 90 分钟里，我回答了一个又一个问题，关于 Good Shepherd 医疗中心、我的决策分析模型、我的背景，以及我是否确信帮助俄勒冈州的那个客户做出了正确的决定等。虽然没有受到指责，也没有遭受打击，但还是可以察觉到房间里的失望情绪。

随着问答的节奏开始放缓，我明显感觉到大家正在接受他们面前的现实。这时，有一个高管站了出来。

他是与会者中年龄最大的，是首席医疗官，是一名博士。我记得人们叫他卡尔，他是妇产科医生，和大多数产科医生一样，他看上去是个很和蔼的人。但我也看得出他对我的结论并不满意。

“好吧，我不是会计，在实习期间也没学过什么商业战略，但我就是不相信这一点。”他停顿了一下，直视着我，“我不是在质疑你的正直，或者别的什么。”

我微笑着摇了摇头，表示并不在意。

他接着说：“但考虑到该地区的人口增长和缺乏竞争，我无法理解我们为什么不能扩张。”

我回应说：“嗯，有时候……”但他打断了我：

“等一下，杰克，我还没说完呢。”

我敢肯定，他不是有意冒犯。但它还是有点刺痛我。

“我们医疗中心的床位利用率虽然还没有达到饱和，但是已经高于以往任何时候，而且似乎还在增长。过不了几年，这里就会人满为患。你说的东西有些在这里是不合理的。”

值得安慰的是，我强迫自己要有礼貌，避免露出丝毫的傲慢之意。尽管内心我很想说：“听着，伙计们，你们做你们的涂片，我做我的财务分析，咱们各司其职不好吗？”

现实中我是这么回答的：“我理解你的想法，Good Shepherd医疗中心的一些人看了这张图表以后也说了同样的话。但是在他们仔细研究了这些数据之后，就发现即使考虑到潜在的增长潜力，这也不可行。”

卡尔医生皱起了眉头，但并没有表现出挑衅的样子。他仿佛在观察一位病人，试图找到什么是导致疼痛的原因，就像一位锲而不舍的好医生。

“杰克，所以你的意思是，在接下来的五年里不会有人来这里建立一所新医疗中心，是吗？那我告诉你，去年 Kaiser 差点就成功了，虽然最后不得不放弃，但只是由于他们内部的问题，而不是市场的问题。”

医生的话竟没使我慌乱，我不由得对自己感到骄傲。在以前，我保证会让他看到我们之间专业水平上的差距，我会用数据敲打他。但现在，我只想试图让他安心。

“现在对于医疗行业来说是个复杂的时期。有时，被普遍接受的观点实际上是完全错误的。我相信，总会有些这样的时候，作为一名医生，您会得出一些结论，但您的病人并不理解，这时候您就必须信任自己的专业知识和经验了。”

他终于点了点头，不一定信服，但接受了我的比喻。不必挫伤他的自尊心就说服了他，这让我很高兴。谁能料到，再过不到一小时，就轮到我的自尊心受挫了。

当头棒喝

米歇尔要求休息一下，大家都争先恐后地找个私密的地方打电话。我决定碰碰运气看能不能找到 Good Shepherd 医疗中心的一位高管。幸运的是，他刚好在办公室，我说服他的助手打断他一会儿，让我跟他进行一个短暂的通话。

我问他，之前我们帮他们做的咨询项目后来的结果如何。他证实，虽然他们最初持怀疑态度，但事实证明，那个决定是正确的。然后我们又花了几分钟回忆我们在项目上一起度过的一个个不眠之夜，然后他开玩笑地说了一句话，对我来说却是当头棒喝。

“在你为我们做扩张计划、成本削减和产品营利化项目期间，你都住在希尔顿酒店，一定得了不少积分吧。”

我礼貌地笑了笑，并对他表达感谢。但我内心深处，忽然涌现出一种熟悉的感觉。20 年前，在毕业舞会进行到一半的时候，我忽然发现自己礼服裤子的拉链没拉上，克里斯汀·欧文斯肯定也发现了。我多想回到过去，把裤子的拉链拉上。同样，我想把过去的两小时一把抹掉，重新开始。

让我想起尴尬往事的是这位高管提到的一个词“营利化”。事实上，这不算一个正式的词，是我和 Good Shepherd 医疗中心的人一起创造出来的。它的意思是把医疗中心从一个非营利机构转变成一个营利机构，而我完全忘记了这件事。

问题是，Good Shepherd 医疗中心是一家营利性机构，而 St.Therese 医疗中心，是一家非营利性机构。这意味着我之前使用的模型是不完整的，甚至可能是完全错误的。

我试图说服自己，一定有办法摆脱这种困境。也许模型并没有那么大的差别，最终的结论还是一样的。我想如果我能把会议推迟半小时的话，我就能找到合适的模型，重新运行数据，看看结果究竟如何。

我提前回到会议室，又确认了一下，是的，我确实是用错了模型。

“惨了！”我叫出了声。

于是我想，该如何说服我的客户，让他们再延长一段休息时间，让我有时间施展魔法，把自己从水深火热之中拯救出来。

当米歇尔和其他人回来时，发生了一件可怕的事情。那位博士，是卡尔博士，径直走过来，握住我的手，感谢我帮助他们。然后，更糟的是，他竟然称赞我：“杰克，很明显你很擅长你的工作。对我来说，看着一个精通自己手艺的人，总是一件乐事。”

我简直想哭。

知错就改

我努力让自己镇定下来，对卡尔的称赞表示感谢。当他回到座位上时，我站起来，做了一件我从未做过的事。

“各位，我要宣布一件事。”我稍做停顿，等大家都安静下来，“恐怕到目前为止，我给你们看的东西都是错的。”

他们的注意力全都集中到了我身上。

“我用于分析的模型是基于营利性医疗中心的。我完全忘记了，在我们进行扩张研究的前一年，Good Shepherd 医疗中心改变了他们的利润模式。这些数据引用是错误的，所以我的结论很可能有偏差。”我停顿了一下，“我实在是太抱歉了！”

几秒之内，我面前的人们脸上的表情似乎从怀疑到失望，再到沮丧，然后，令我惊讶的是，又变成了安慰。然后我的新朋友卡尔医生开口了。

他用无比亲切温和的口吻说：“好吧，孩子，我想你确实应该感到抱歉。”

我已经很多年没有被人叫作“孩子”了，但它确实适用，因为我感觉此刻的自己就像个九岁的小男孩。

他继续说：“杰克，你的时薪是多少？我认为你得付我们双份的钱，因为我们刚刚浪费了两小时。”

房间里爆发出一阵笑声。

“让他请我们吃饭吧！”米歇尔附和道。

我从裤子口袋里掏出钱包，扔到桌子中央，大家都在笑。在笑话我吗？我也不太清楚，但情况并没有我想的那么糟。

幽默的气氛逐渐消退，现实又回到我们眼前。我决定继续推进：“好吧，真不敢相信我犯了这么荒谬的错误。但我认为我们还可以补救，在午夜之前做出正确的决策。

他们笑了起来，其中一位接口说：“那你也要请我们吃晚饭了。”

我微笑着接受了惩罚。“我需要 20～30 分钟来重新做我的分析，到午餐时间，我就会有一些初步的数据了。”

“你的直觉告诉你答案是什么？”卡尔医生问。

我想了想：“我的直觉告诉我，如果你们真的认为你们的床位利用率会持续增长，而且这个地区的经济增长也不是偶然的，那么扩张是有道理的。但我猜扩张应该是在这里，而不是建分支机构。”

“这是为什么呢？”米歇尔想知道。

“因为我的大多数医疗中心客户……”我停下来整理了一下思路，“我并不是说和这里情况完全一样，但他们发现在分支机构上会有许多冗余和低效出现。与建造远程医疗机构相比，为病人提供免费的班车更划算。”

“那竞争方面呢？我们会不会面临激烈的竞争局面？”

“我不这么认为。如果你们在这里发展得足够大，我想你们就不会有事。你们可能看到一些偏远的实验室和步入式急救中心在到处打市场，但冗余和低效使他们获得大笔金融投资是不太容易的事。”

难以置信的是，他们在不断地点头，好像他们真的相信我说的话，我想降低一下他们的期望值。“不过，等到我们做完分析，并讨论你们在社区中观察到的情况之后，我们才能知道更多。我可能有点扯远了。”

在 K&B 咨询公司工作的五年里，我从未对客户说过这样的话。

说完，我让大家休息，稍等我一下。卡尔向门口走去，路过我身边，什么也没说，只是拍了拍我的肩膀。他一定不知道这对我来说意味着什么。

看来，个人成长也并没有那么糟糕。

重拾信心

在 St.Therese 医疗中心，那天下午剩下的时间和晚上，我们的确是在紧张、疲惫、艰难中度过的。但在我的生命中，我还从来没有像现在这样享受过咨询的乐趣。

我挑战他们，和他们在争论。我先后四次改变了主意，也犯了些错误，当然我也提出了一些深刻的见解，我还了解到很多关于医疗中心的事情，我想我们已经找到答案了。我甚至给大家订了比萨，吃完饭后我还负责打扫了会议室。

大概晚上八点，我们做出了最终的决定，毫无疑问，在医疗中心扩建一个新的门诊部大楼是一个正确的策略。我似乎还记得，经过痛苦和压抑的冲突过程，当终于得出结论时，两名团队成员曾一度击掌相庆。

那天晚上，当我开车回家时，我的心头突然涌上一股喜忧参半的复杂感受。喜的是我以这种全新的方式做咨询时，感觉自己真正成为客户团队的一员。忧的是到周一早上我见到马蒂和吉姆的时候，这一切就都结束了。

幸运的是，这是个周末，这将给我一个重新部署的机会。

和往常一样，周日我们全家去教堂礼拜，我突然有了灵感，仿佛对未来有了预见，我开始对接下来的 36 小时里将发生的事情感觉好了些。我想不起到底是哪件事改变了我的想法，我想这也许应该归功于阅读圣经，因为神父每次所选的章节恰巧是我需要聆听的段落。这个星期天的布道正是关于 “如何在苦难和磨炼中寻找快乐”，我陪着妻子和孩子坐在那里，反思自己怎么变成了一个胆小鬼，感觉有点好笑。

那天晚上睡觉前，戴安娜问我最近感觉如何，我告诉她我真的有些期待跟马蒂和吉姆汇报了，尽管我并不知道会发生什么。我原以为她会说“加油，老公”之类的话，但她只简单地说了两个字：“小心”，把我吓了一跳。

她还不如说：“伙计，你完蛋了！”因为在那一刻，我的信心开始消退。

“你这话是什么意思？”

戴安娜掩饰说：“没什么。只是……真的没什么。你会做得很好。”

太迟了："不，不，你刚才说'小心'是什么意思？"

她犹豫了一下："好吧，我只是不想让你太过自信，说些不必要的话而陷入奇怪的境地。"

我有些恼火，又有些好笑："奇怪的境地？"

"是啊，你看你有一份好工作，而且你一直努力工作才到你今天的地位……"

她没有说完这句话，我知道该轮到我给她做心理辅导了。

"听着，戴安娜，我们会没事的。我确信我可以使这个合并顺利进行，而且所有的事情都比我们预想的更好。马蒂不是童子军，但他也不是达斯·维德[6]。"

戴安娜笑了。"我知道，我很抱歉。我不应该这么说。"

我向她保证，一切都很好——心里却暗想，刚才的话我自己能信一半就不错了。

---

[6] 达斯·维德：电影《星球大战》里的黑武士，大反派。

第 4 章
故事总结

接受考验

我怀着忐忑的心情，乘坐熟悉的电梯到了 20 楼，在这里，我安稳地工作过五年。我认为我可能过分夸大了这次会议的规模和级别。

吉姆的开场讲话非常清晰地表明，我想错了。

“今天的会议，我想要知道我们收购了灯塔公司，究竟可以从中得到哪些回报。”这就是吉姆·肯德里克一贯的作风。

此情此景都透着不祥的味道，就如同电影里表演的一样：大厦里最正式的会议室、宽大的红木桌子、精致昂贵的真皮座椅。窗外是恶魔岛热闹非凡的景象，跟室内的气氛非常相配。

桌子够宽敞，轻松围坐了十个人。吉姆坐在桌子的一端，财务咨询部主管珍妮·内维斯坐在另一端，她来自纽约。在珍妮旁边，坐着一位我叫不出名字的合伙人。无论如何都想不起来了，只记得他长得就像蝙蝠侠的仇敌企鹅人（以下简称他为“企鹅”），只是头上没戴那顶大礼帽。

我坐在桌子中间的位置，这样可以与老板保持比较远的距离。

马蒂，直接坐到了我对面。他对老板的开场白好像没有任何反应，相反，示意我做回应，似乎这次收购自始至终都是我的主意。

这就是你要扮演的角色？也许他真的是达斯·维德。

“好吧，那就我先说。如果是问这次收购有什么财务收益的话，我现在只能说，我还不太清楚。”我故意停顿了一下，为这事付出代价是值得的，“但如果你们感兴趣的是我们可以从中得到哪些好处的话，我可以说一说。”

令人惊讶的是，珍妮首先做出了回应。她个子很高，1.8 米以上，经常穿条纹西装，让她看起来显得更高。她的举止与其着装完全匹配，一切都很正式。“我觉得，任何非财务收益都可以被量化、货币化。”

我不知道我是否需要回答这个模棱两可、术语化的问题。正在我犹豫时，马蒂插话说：“那是当然！我想杰克的意思是说，现在就判断这次收购会给我们带来怎样的财务收益还为时过早。”

珍妮点点头，似乎觉得马蒂讲得有道理。就在那时，我突然想到，在过去的几个月里，远离 K&B 咨询公司真是令人开心。

“杰克，你能跟大家说说，你到半月湾后学到的东西吗？”马蒂突然开始来引导会议，无疑这样能够使他自己处于主动的位置，避免被问到一些问题。

我深吸了一口气：“好的，那我们就直接说正题如何？大家肯定想知道我们如何通过整合灯塔公司来使我们变得更强大。”

吉姆似乎喜欢这种直截了当的沟通方式，赞许地点了点头。遗憾的是，他一定不喜欢我接下来要说的话。

“嗯，我认为这次收购对于 K&B 咨询公司来说可能是一次非同寻常的机会，甚至比几个月前宣布合并时所想的还要大得多。”

我停顿了一下。

“我并不想对你们撒谎。接下来我们应该学习做他们所做的事情。”

这句话完全出乎所有人的预料，过了几秒大家才缓过来。马蒂率先问道：

“你的意思是说我们要向他们学习？”

我没有丝毫的讽刺、幽默或抵触，只是点点头：“正是这样。”

吉姆显然有些晕了：“你得解释一下，孩子。”

这是几天来第二次有人叫我孩子。突然间，我感觉自己就像电影《飞向未来》里的那个成年傻瓜。

马蒂看上去开始显得不自在。必须承认，我有些窃喜。

我进一步解释说："从财务角度来说，灯塔公司的利润率比我们略微高一些，单位客户收入也略高于我们。"

"但这也并不意味着我们就应该模仿他们啊？""企鹅"反驳道，"他们是一家这么小的公司，完全没法比较……"

我忍不住打断说："你说得对。这样的比较是不公平的。"他对于我的回应似乎很高兴。但等我说完，他就不这么想了。

"让我们说说现实情况吧。我们有几百名努力上进的大学生，他们每天在公司加班，觉得自己收入很好。但当他们按小时计酬时就发现，自己只比最低收入标准高出了一点点。"

甚至珍妮也轻轻地笑了一下。

我想澄清一下我的观点："大家别误会我的意思。我了解像我们这样的咨询公司都是这样的赢利模式。我并不是要像《诺玛蕾》[7]那样在这里建一个工会。"

吉姆追问说："他们有多少个初级分析师或初级顾问？"

我毫不犹豫地回答："他们有玛丽。"

"玛丽？"

"是的，她是在灯塔公司唯一的年龄小于 26 岁的咨询顾问，其他人都要比她大很多。"

珍妮似乎有些疑虑："那为什么他们的财务数据会这么高？他们的平均薪资肯定很高吧？"

[7]《诺玛蕾》：一部关于主人公诺玛蕾在血汗工厂建立工会的影片。

“是的。”我确认说。

“他们的收费也比我们高吗？”

“高一点点，但不多。”

吉姆有些抓狂了：“等等，你刚才说他们的收费比我们高？”然后转向马蒂，“我们为什么不提高收费标准呢？”

对于突如其来的问题，马蒂根本没有时间认真思考如何更有策略地回答，只好一反常态老实回答：“提高收费，怎么可能啊，我们连想都不敢想。客户原本就一直在抱怨我们收费太高。”

吉姆转向我问道：“那么，他们为什么能收那么高的费用？他们的客户难道不抱怨吗？”

“在回答这个问题前我先跟大家澄清一下，收费高低并不是最大的问题，这只是表象，而且还不是最重要的表象。”

“那你如何解释两家公司的财务差异？”珍妮迫切地问。

“一切都取决于他们的销售成本。”

“解释一下。”吉姆不耐烦地说。

“他们几乎不用花时间在销售上。”

马蒂变得越来越烦躁和紧张了，在这个会议室，我是唯一一个比他职位低的可以撒气的对象：“那过去的四个月里，你在那边都在做什么？”与其说是在问问题，不如说是在指责。

我有些猝不及防，竭力想为自己辩护：“嗯，我一直在……”

吉姆打断我：“暂且不说这个，我就想知道你刚才说的，他们根本不需要花费时间在销售上，这究竟是什么意思？”

我并不感谢吉姆，虽然他帮我解了围。我重新组织语言并解释说：“嗯，他们的大部分业务来自老客户推荐，几乎不做陌生拜访。他们很少做前期调研，这样既不用撰写提案，也不用花心思去推敲文稿。”

“那他们干什么？”马蒂好奇地问。

我笑了笑，直截了当地说：“他们直接面谈。”

我想马蒂恨不得要越过桌子来掐我脖子了，问道：“这是什么意思？”

“就是说当他们与客户会面时，他们的时间都花在提问和初步调研上了，就好像他们完全跳过了销售这个环节。他们做得很成功。”

我看得出来，在座的同事们都很恼火，所以我想再一步。

“他们并不需要在客户面前去展示比客户懂得更多，他们到达后直接开始咨询。这种咨询过程，我经历过五六次，效果是惊人的。”

会议室里的气氛异常沉重。

显然，吉姆在他的下属珍妮和“企鹅”面前显得有点儿尴尬。我后来知道当初他们两位极力反对收购灯塔公司，但最终还是没能拦住吉姆。

马蒂非常清楚，吉姆的愤怒肯定会撒到他身上。而我成为所有人的焦点。

所以马蒂意识到现在是和我划清界限的时候了："既然他们在这方面干得这么好，那我们为什么不用同样的方法呢？杰克，你可是我们公司销售部的负责人啊！"

按说，在这种情况下我早就该退让了。但今天，我所做的就是要说出真相："马蒂，我刚才说的这些，根本就不是销售问题。"

马蒂有些困惑，但他不可能就此善罢甘休："我听上去觉得这就是销售问题啊？！"

虽然其他人都没说话，但他们脸上的表情是完全同意马蒂的看法的。显然他们站在了一条线上。

"当我第一次到灯塔公司时，我也是这么想的。但当我看到他们如何与客户在一起工作时，我发现这才是我们与他们最大的差异。"我停顿了下，继续说，"这个差异巨大。"

吉姆皱着眉头，上下打量着我，说："你最好能说清楚点。"

绝地反击

会谈到此，我耳边似乎听到了戴安娜的劝告"小心"，但仿佛又传来另一种声音，是她总爱说的"随他去吧"。我选取了折中方案，至少目前是这样。

"好，基于我过去几周的观察，我必须说灯塔公司肯定没有我们专业，他们没那么老练，也不那么严格，更缺少系统化。”

马蒂长舒了一口气，似乎放轻松了许多。

“但他们更有效。”

要是我坐在弹射座椅上，那一刻估计就被发射到旧金山湾了。但我依然牢牢坐在椅子上，所以我决定继续说下去：

“说实话，他们就像跟我们从事的不是一个行业。”

听众们并不想就此罢休。吉姆首先问道：

“你说的这些信息有确凿的证据材料吗？有没有数据支持？”

“数据？”我有点不相信自己的耳朵：“哦，几分钟之前我们谈的就是很好的数据。”吉姆还没来得及反驳，我继续说，“最有力的证据在他们的客户那里。”

“企鹅”问：“你指的证据是指客户的财务表现和股票价格？”

我摇摇头：“不，是他们的客户多么喜欢灯塔公司这一事实。”

吉姆转了转眼珠子。

“嘿，老家伙，别冲我翻白眼！”

确实想这么说，但我还是很明智地略过了。

但“企鹅”可没有略过，他转向吉姆说：“吉姆，你怎么看？”

“嗯，我不知道我们能不能确切地说出，灯塔公司的客户对他们的感觉，跟我们的客户对我们的感觉有什么显著的不同。”

我虽不是脑外科医生，也知道吉姆肯定认为我在说谎，或者至少认为我不称职。可能担心大家没有明白他的想法，吉姆继续说："鲍尔先生，你有什么证据可以证明这一点吗？"

鲍尔先生！突然间，我不再是一个小男孩，而是一个受审的被告。我觉得退让比孤注一掷更危险。

"要知道，每一个和我交谈过的客户都对这些人赞不绝口。没人要求他们，但他们为灯塔公司做了许多的推荐和宣传工作。灯塔公司一半以上的客户来自老客户的推荐。"

我发现没人相信我的话，我更急了："来看看我们，有一半的客户根本不愿意为我们做推荐人，剩下的哪怕答应了也都不太热心。你们真的以为我在骗你们吗？"

接着，我说出了几个月前不可能说的话："你们就这么痛恨麦克·凯西？"

马蒂张口说话前，珍妮和"企鹅"先生齐声问了同一个问题："谁是麦克·凯西？"

吉姆解释说："他是灯塔公司的创始人之一。"

我继续说："他是真正的灯塔公司业务模式的创造者。"

"那么，他们有一个模式？""企鹅"问，"能介绍一下吗？"

"哦，这不是一个有形的物理概念上的模型……"我解释说，"这个模式指的是一套非正式的业务运作原则。"

吉姆很"好心"地打断了我，说："得了吧，鲍尔先生，这太荒谬了。你坐在这里告诉我们这家小咨询公司要比我们强很多，还呼吁我们必须向他们学习。然后你又告诉我们你不是很清楚他们具体是如何做的，业务的运作模式是一套非正式的原则……”

我打断了吉姆的发言，胆子越来越大了。他可是公司大老板，给我们发工资的人。我依然坚定地说：“不，我说他们自己没有一个模式。”我停顿了一下，“但我总结了一个，这个模式能完美诠释他们的业务运作原则。”

那一刻，我觉得吉姆会让我重新解释这个模式。

实际上，我还是低估了他的自尊心，他装作没听到我前面的话。

“也就是说，他们并没有真正的模型，没有数据，也没有可以衡量公司收购价值的东西。你还有其他实质性的东西吗？”

我静静地坐着，沉默了很久。随着每一秒的流逝，我感觉我的信誉和职业前景正在一点点粉碎。珍妮和“企鹅”已经开始整理手中的资料，希望能尽快离开这个不和谐的地方。

我几乎绝望了：“给我一分钟。”

他们还没来得及回答，我抓起会议桌上的远程会议电话，拨通了一个号码。

嘟嘟两声后，就有人接了电话：

“这里是 Boxcar 公司，有什么需要帮忙？”

马蒂看起来像要杀了我。

毫不留情

我不想被马蒂的愤怒搞得心烦意乱。

“是坎黛丝吗？”

“是的，我是。”

“您好，坎黛丝，我是杰克·鲍尔。”

我祈祷她不会问：“你是谁？”

“哦，你好，杰克。有什么事吗？”

“我想和基纳通话。”

坎黛丝停顿了一下：“哦，基纳正在开预算会议，一直要开到下午四点，我可以让他给你……”

我急忙打断她，尽量客气地说：“坎黛丝，我需要马上跟他通话。”

她又停顿了一下，于是我再次强调说：“我真有急事找他，请一定帮帮忙。”我讨厌在这些试图干掉我的人面前说这样的话。

她停顿了一下，说：“我尽力，你别挂机！”

我别无选择：“好的。”

正当我焦急等待时，马蒂开始调侃我了：“你在干什么，杰克？这个时候打电话给客户，合适吗？”

吉姆和其他人似乎都很疑惑，同时也有些担心。

我自信地虚张声势，假装被他的问题吓呆了："合适？为什么不呢？这样很好，你会看到的。"

我不知道这样的回答能给我赢得多少时间。我都怀疑马蒂会不会跨过会议桌挂掉电话。庆幸的是，坎黛丝那边有人说话了。

"杰克吗？"

这是基纳·克拉维茨的声音，Boxcar 的首席执行官。

"您好，基纳。非常感谢您能来接听我的电话。抱歉打扰您开会。"

"没关系。我们刚好要有一个中场休息。找我有事？"

我迟疑了一下，觉得也没什么可以掩饰的："好的，我正在向一些朋友解释灯塔公司和 K&B 咨询公司的差异，他们对此很感兴趣。"

"哦。"

"您最近选择与灯塔公司合作，而不是 K&B 咨询公司，甚至您还愿意支付更高的服务费，您能给我们解释下原因吗？"

"当然可以啊。听声音，你开着扬声器吧？有其他人在听吗？"

我又犹豫了，心里想着是否能回避这个问题，但已经没有退路了："是的，我们这里有珍妮·内维斯、马蒂·夏恩和'企鹅'。"当然没有真的这么称呼他，我当时还是说的他的全名。"还有一位是吉姆·肯德里克。"

电话那头沉默了一会儿，然后问道："你说的是肯德里克先生？"

“是的，吉姆·肯德里克，他是我们公司的创始人。”

我几乎能听到基纳在电话那头的笑声：“你让我告诉你们我为什么放弃 K&B 咨询公司，而选择了灯塔公司？”

“是的，包括您愿意付更高服务费的原因。”此时，我多么希望戴安娜能够在现场，因为如果我说给她听，她肯定不会相信。

基纳对于我的问题似乎还没做好准备。

“你能告诉我这样做有什么目的吗？我是说，你想让我有多坦诚？”

马蒂狠狠地瞪了我一眼，我真想把他的这个眼神用手机拍下来，但我觉得那样会很奇怪。再者，我需要先回答基纳的问题。

“我希望您完全坦诚，基纳。事实上，我恳求您这么做。现在我们已经收购了灯塔公司，我们需要了解他们为什么能做得这么出色。”

“你确定吗？”

我看着吉姆，恳请他的允许。我知道，任何一个正直的人都会接受真相，至少在公众场合是这样。

吉姆清了清嗓子，说道：“基纳，我是吉姆·肯德里克。我希望您能够完全坦诚。”我知道他并不是心甘情愿的，但基纳并不知道有什么不同。

“好吧。你想我从哪里开始？”

令我吃惊的，“企鹅”带头说话了：“您为什么不直接告诉我们您为什么会做这样一个决定呢？”

基纳停顿了一下，好像在整理思绪：“嗯，首先，我要说的是，在我们谈过的公司中你们是比较强的。事实上，有一段时间，我们就打算在你们和战略视野公司之间做选择了。”

战略视野公司是 K&B 咨询公司最大的竞争对手之一。

“正当我们要做决定时，我碰巧和我认识的一个 CEO 谈到这件事。他告诉我：如果我不和灯塔公司谈谈，会后悔的。而我从来没有听说过灯塔公司，所以他给了我电话号码，甚至还专门安排了一次电话会议，他亲自来介绍大家认识。”

吉姆、珍妮和“企鹅”相互交换了下眼神，眼神中似乎混合着既有对灯塔公司居高临下的优越感，又有对新收购公司的嫉妒和敬畏，还有对客户如此热情推荐的惊讶。

基纳接着说：“所以，我就与灯塔公司的迪克·詹尼斯开了 15 分钟的电话会议，然后我和他，以及另一位咨询顾问面谈了大约一小时。当时我就觉得，不需要再考虑了，我就决定跟他们合作。”

“那次会议到底发生了什么？”企鹅问。

“哦，我有点记不清了。我是说，好像是他们帮我做的决定。我不知道是否说明白了，电话上要解释清楚确实有点困难。”

吉姆改变了提问的方式：“也许您可以告诉我们 K&B 咨询公司在销售拜访中是怎么做的，然后对比一下。”

“好吧，这可能有帮助。我记得你们公司来了两个人，一个是杰克，另一个我记不起来名字……”

“玛格丽特·史蒂文斯。”我提醒他。

“对的，是玛格丽特。他们很好，也很有能力。过来时带了一大堆有关我们的行业和我们竞争对手的资料。他们介绍了你们公司的各种资源，还有你们曾经服务的客户。他们还向我们展示了你们与另一家规模和我们差不多的技术公司是如何合作的。我的意思是，我毫不怀疑他们有足够的智慧和经验来帮助我们。他们所说和所做的，并没有让我感到不满意的地方。就像我之前说过的，我们原本就准备在你们和战略视野公司之间选择一家。”

“企鹅”继续追问：“那您还记得这与灯塔公司的会议有什么不同吗？”

“哦，我现在想起来了，我记得迪克没有带任何资料或讲义，也没有做任何演示，这让我有点吃惊。事实上，很明显，他们在会议前没有时间做很多调研，因为他们用了一小时来询问我们的业务、我们的竞争对手和我们的市场。”

基纳笑了：“你们知道，我敢打赌，杰克和玛格丽特自己就能回答这些问题。”

我笑了笑：“是的，我们可以回答。但您没有选择我们，为什么呢？”

“好吧，既然你们要求我坦诚相告，我就直说了。”他停顿了一下，“感觉你们就像来教我们如何经营生意的，想方设法让我们相信，你们知道的比我们自己还多。当然这是我猜的。同时，你们一直在讲，如果我们聘用你们的话，你们将为我们做哪些东西。”

“灯塔公司不是这样做的吗？”马蒂问。

“不是，他们直接开始做。”

“做什么？”马蒂又问。

“帮助我们，提供建议，给我们出谋划策。”

马蒂有点没耐心了，问道：“但您刚才说他们对你们的生意一无所知啊。”

基纳停顿了一下。假如我能看到他的话，我敢保证他一定在挠头：“是啊，就是这样。他们没有预设任何答案，但他们提出了问题，他们也提出了一些建议，但他们承认其中一些或所有的建议可能完全不对。无论他们对还是不对，最为重要的是，他们关心的是如何帮助我们解决问题，而不是急于达成交易。”

吉姆看了我一眼，好像在说，嘿，这就是你想要告诉我们的？！当然也许他只是舒了一口气而已。无论如何，我大概可以放轻松些了。

在我们还想继续询问的时候，基纳打算结束通话了："嘿，我很乐意多给你们一些你们需要的信息，不过，我得回去开会了。"

"最后一个问题，"吉姆没等许可就问了，"你们后来与灯塔公司合作情况如何？"

"都是一样的。"

"和什么一样？"

"就和第一次见面时一样。他们感兴趣的是如何帮助我们解决问题。我已经与好几位 CEO 谈过他们，我们的合作很愉快。"

"企鹅"插了一句："基纳，谢谢您宝贵的时间及您的帮助。"

"不客气，祝你们顺利。"基纳挂断了电话。

整整五秒，房间里一片寂静。

"那么，杰克，现在我们明白你想说的是什么了。你是对的，我们错了。我们不该怀疑你。你能告诉我们如何做才能更像灯塔公司那样，从而让我们成为更好的公司吗？"

假如你相信有人对我说过这句话，那你可就太天真了。

现实远没有那么美好。

出其不意

马蒂开始反扑了。

"好了，杰克，让我们来总结下这个会议。你今天来这里是想告诉我们，你真的不知道我们能从这次收购中获得什么样的价值，你也不知道接下来如何进行整合，因为他们实际上比我们好得多。”我能听得出他话语中挖苦的意味，所以没有回答说“你说得对”，而只是安静地等着他把话说完。

“你唯一的证据是，有一个客户选择了灯塔公司，而没有选择 K&B 咨询公司，而丢掉这单生意的人就是……”他特意停顿了一下，希望能制造戏剧性的效果：“你。”

回想起来，我不得不承认马蒂当时那番言谈让大家印象深刻。他就像一个狡猾的辩护律师，在我陈述了所有的事实和证据后，他完全曲解并把所有的责任嫁祸于我。

我唯一的希望寄托于“陪审团”身上。遗憾的是，他们对这个特殊的裁决夹杂着自己的利益考虑。

“我必须在这一点上同意马蒂的观点，”珍妮说，“并且我觉得把一个客户用这样的方式牵扯进来，这是很不专业的做法。”

“企鹅”点点头表示同意。

我简直不敢相信我所听到的话。我相信他们都不是傻瓜，因此唯一能解释他们这样反应的原因是，他们极度缺乏勇气和智慧。

我转向吉姆想看下他的最后表态。他慈祥地看着我说：“杰克，看来今天不是你的好日子。”

我仔细斟酌了他的话之后，慢慢地把桌子推开，站起来，转到椅子后面，并把椅子推到桌子下面。然后做出了一个回答，一个比我在两周的准备工作中所能想到的任何答案都要出色的回答。

“不是好日子？你是说今天不是我的好日子？在过去四个月里，我一直深入敌后研究这家让我们嫉妒不已的灯塔公司的运营模式。这的确很艰难，令人难堪，但也让人大开眼界。我来参加这次会议，就是为了原原本本告诉大家所有我所学到的东西。如果我们想要超越现在这种中介公司式的、血汗工厂般的，让员工和客户甚至我们自己都感到身心俱疲的运作方式，我们需要向灯塔公司学习些什么。”

是的，我确实就这么说了。

不过我还没说完。我盯着黑暗骑士达斯•维德（马蒂）继续说：“你好意思说公司今天的失败是因为我作为一个顾问的失职导致的吗？你是否注意到刚才客户的 CEO 是怎么说的？或者是你太自负了，甚至不敢承认也许还有更好的方式方法存在？”

就在这一刻，吉姆原形毕露，他可不想看到他自己的下属这么挨骂。“为什么我们要听你的，杰克？马蒂是对的，是你弄丢了业务。我认为你在这件事情上完全没有可信度，如果有的话，那就是你不肯接受事实。那个 CEO 说的是对你个人的否定，而不是

K&B 咨询公司。”

如果你早在两个月、两星期甚至两小时前告诉我吉姆·肯德里克要在会议上对我说这些刻薄的话，我会考虑马上辞职。不过幸运的是，我故意隐瞒了一条重要信息，这个重要信息是我一直避免使用，也不该使用的信息。但现在我别无选择。

“不过我确实是可信的。基纳的话也完全不是在针对我。”

此时，马蒂跳进来说：“你怎么能这么说？刚才那位 CEO 就指出你不会销售……”

我冷静地打断他，慢条斯理，不带情绪地说：“迪克·詹尼斯没有时间处理 Boxcar 公司的业务，所以必须找另一人来负责。”

这个房间内的人似乎不太理解我想要说的话，因此我继续说：“而负责这个项目的首席咨询顾问就是我。”

马蒂当场愣住了。珍妮、吉姆和“企鹅”也哑口无言。显然，我最后一个“重要信息”让他们找不到合适的说辞，也没有足够的勇气来回应。

而我，独自走出了会议室。

痛定思痛

在我走向电梯的路上，我有一个不切实际的奢望，有人（当然最好是吉姆）追上来，恳求我回去进一步分享我的见解。如果能加薪和解雇马蒂当然也不错。

但生活不是演电影，在现实生活中的人们缺少这样的勇气和戏剧性的天赋。于是我一个人乘坐电梯下楼，内心充满着激动、恐惧和厌恶。

厌恶在我到家前已经平息了下来，在我与戴安娜交谈 15 分钟后，恐惧也已经消失得无影无踪了。

“我不在乎他们会不会炒了你。即使因此我们不得不搬到北达科他州，我也不在乎。”戴安娜安慰我，“你今天做得太棒了！”

她是认真的，这对我来说意义非凡。尽管如此，我发现自己还是担心这件事情的后果及它对我职业生涯的影响。

那天晚上睡觉前我和孩子们一起玩耍，这对我的心理产生了一些微妙的影响。一方面，它让我看清了什么才是生活中最重要的，这使我平静了下来。另一方面，它又让我担心我们未来的生计。

毫无疑问，这是个不眠之夜。

直到早上我醒来时，仍然不知道这一天我该怎么办。去公司被解雇吗？还是回半月湾继续上班，装作前一天什么都没发生？

于是我查了一下邮箱，看到了一封来自马蒂的邮件，比我想象的要短得多，也很含糊。

发件人：马蒂·夏恩

收件人：杰克·鲍尔

主题：灯塔公司

杰克：

昨天你走后，我们又花了一个多小时讨论灯塔公司的情况。我们希望你今天上午能来公司继续昨天的讨论，午餐就在会议室解决。如果你不能参加，打电话通知我。

马蒂

我把邮件拿给戴安娜看。

“这是好事啊！”戴安娜说，“他们肯定意识到了自己的错误。因为他们太缺乏安全感了，他们只是不好意思明说而已。”

我很想相信她的说法，但就是做不到。如果真的是这样，就算马蒂再傻，邮件内也应该写点儿好话。

于是我穿好衣服，吃完早餐，感觉就像一名准备奔赴刑场的囚犯。不过我从没想过我的“最后一顿饭”竟然只是一碗蜂蜜坚果麦片粥。

盘　　问

到达办公室时，我才得知我们将在另一间会议室开会。我终于松了一口气，无论怎样都不用再回那间恶魔岛会议室了。但这宽慰是短暂的。

会议室在 19 楼，更小，没有窗。我一走进会议室便吃了一惊，因为在座的七位都是总部的各部门主管或高级合伙人。其中有珍妮・内维斯、“企鹅”和其他几位高管，吉姆和马蒂则不见踪影。

珍妮上前跟我打招呼，她似乎完全不记得昨天发生过什么。她说：“嘿，杰克，我们给你安排了演示时间，前面有白板，你有 30 分钟的时间。”

“演示什么？”我问。

“就是那个模型，灯塔公司做的那些东西。”

我被搞糊涂了：“这么做的目的是什么？”

她一脸疑惑地看着我，好像我在问她为什么个子那么高。“好吧，目的是向大家介绍一下灯塔公司的业务操作方法。你知道的，就是我们昨天谈过的。”

正在这时，我惊讶地看到吉姆推着一把椅子走进房间。他把椅子插在拥挤的房间里为数不多的空当里，坐了下来。

我有些心神不宁，但我必须振作起来，因为此时，珍妮转向那些围坐在桌旁的高管们宣布："杰克要给我们讲讲他从我们最近的一次收购中所学习到的'如何与客户开展咨询业务'。"

话音一落，她也坐下了。

我表面微笑着，但心里在想，你们这群人真是疯了吧？我走到白板前，拿起一支蓝色的笔（蓝色一直是我最喜欢的颜色），然后转向观众。所有人我之前都见过，但大部分人交往不深。

当时，用紧张来形容，那真的太轻描淡写了，我紧张到甚至不知道自己到底该做什么。急中生智！不必说给他们听，而是秀给他们看。

我被这个简单的认知弄得有点轻微的眩晕。站在那里，突然间脑洞大开，思如泉涌。

"正如大家所知，灯塔公司是今年年初被我们收购的一家小公司，最近四个月我在那里工作。在这段时间，我见识到了一些我从来没有见过的与客户有效合作的方法。"

我转向白板，但不知道到底该写些什么，所以我就又转向了我的观众。通常这种情况会很尴尬，但突然间我就有了一种沉稳的自信，尴尬似乎无关紧要。

"好吧，你们有的人可能不知道，昨天我与吉姆、珍妮和'企鹅'开了一个非常有争议的会议。"我朝吉姆看了看，他显得有些惊讶和不自在，因为他肯定没有想到我竟然如此坦诚地把昨天发生的一切和盘托出。我没有提到马蒂是因为他今天没在会议现场。

“大家可以想象，这对我来说是一个很大的挑战。我的意思是，我在 K&B 咨询公司的职业发展前途基本上掌握在你们手中，并且我还要告诉大家为什么我认为你们公司，不，是我们公司，需要采取行动做出改变。”

令我非常惊讶的是，仅仅是做到诚实，我就感觉舒服多了，所以我继续秀。

“我知道，对于我要说的话，你们感到有些抵触也是很正常的，所以我想向你们保证，我讲这些的唯一目的就是希望我们公司能更成功。我承认，我的大部分观点都是基于我的观察和直觉，而不是基于大量的数据或严格的统计分析的。但我可以站在这里告诉你们，我对自己得出的结论非常有信心，我也欢迎大家随时提出任何问题和反驳。”

不可思议的是，珍妮居然笑了，好像对我很满意，又似乎是想要伸过手来拍拍我的头：“你随意。”

我吸了口气，继续说。

“从本质上讲，灯塔公司的伙伴们采用了一些基本原则，这些原则是他们的创始人麦克·凯西多年前提出的。根据我的观察，这些原则创造了一个更忠诚、更热情的客户基础，这在任何行业，比任何东西都重要。”

我能看出我的观众对我所说的话产生了不同程度的兴趣。“我想讲的就是这些原则，以及它们背后的含义。”

我还没来得及继续往下讲，公司里的一位年轻合伙人拉里·德维特举手了，拉里是在公司负责财务和审计咨询业务的。

“我不是故意为难你，”他开始发问，也许他就是来为难我的，“但我怎么从来没听说过灯塔公司啊？假如他们这么优秀……”他刻意没有把话说完。

“嗯，的确他们是一家‘小而美’的公司，而且几乎所有业务都在湾区。从一开始他们就想保持小规模经营。”

拉里还没来得及反驳我，会议室内另一位高管，负责组织咨询部的女主管站出来为我辩护：

“我们部门的人都知道灯塔公司，”她说，“他们不止一次从我们这里抢走客户，而且我还听说他们的咨询顾问都非常优秀。”

拉里并不打算放弃，试图用一些说辞来掩饰自己的傲慢。“尽管如此，当一家公司说自己想维持小规模经营时，多半是因为无法做大。”

此刻，我特别想为麦克·凯西，这位我从未见过，几个月前还在给我制造麻烦的人进行辩护。但又不想让自己看起来带有偏见，我尽力用圆滑的外交辞令应对：“嗯，我明白你说的意思。无论如何，在这种情况下，这家公司真的是有目的地保持他们公司的规模。创始人很注重家庭，把家庭放在最重要的位置，下决心避免让工作破坏家庭生活。”

说完这番话，现场的反应让我惊讶。正如我所料，几位合伙人微妙地相互瞥了一眼，暗示着他们认为我刚才说的过于感情用事。但其他一些人（从他们的表情看得出，我的猜测是完全正确的）似乎露出钦佩的微笑，甚至点头表示认同。

虽然无法验证，但房间里的一些人实际上可能是我的盟友。随后我就顺嘴说了一些话，现在回想起来，本可以表达得更委婉些："我必须得说，如果他们愿意，灯塔公司可以扩张成为一家更大的公司，但对于我们来说也许就不是什么好事了。"

突然，会议室里的人，包括我的潜在盟友，似乎都转入了戒备状态，其中一些人甚至轻蔑地笑了。意想不到的是，吉姆发话了。

"等一下，杰克。"他笑了笑，以一种居高临下又略带歉意的方式说。当时我很开心他不再叫我鲍尔先生或孩子。他说："我认为我们完全可以坚持我们的做法来和他们抗衡。"

房间里的人似乎很高兴他们的领袖为他们辩护。我必须"小心"。

"当然……"我停顿了下，"我这么说，并不是想说 K&B 咨询公司不是一家伟大的公司。"

我感觉有点不自在，因为事实上，我并不认为 K&B 咨询公司是一家伟大的公司。但我想，从技术上讲，我的说法也不是谎言，因为我不想待在 K&B 咨询公司又说它的坏话。

"不过……"我停顿了一下，意识到不太妥，但还是脱口而出了，"在过去的五年里，我们与灯塔公司的交锋差不多每次都输了，这可是事实。”

现场没有回应，大家把目光投向吉姆，看他是否有回应。我决定在他说话前继续补充我想说的内容。

“请别误解我的意思。我也一样，多次被他们打败，因此我一直以来也很讨厌他们。”

庆幸的是，听众们似乎接受了我坦诚的自嘲。

“现在我已经弄清楚了他们是如何打败我们的，也明白了他们的做法为何有效。”

吉姆一句话也没说。但从房间里其他人脸上的表情我可以看出，我终于得到了大家的认可。我暂时说服了这些人相信，我有一些值得他们了解的东西。

我还有 25 分钟来挽救我的事业。老实说，我的确没那么紧张了。但说实话，我真的不知道接下来会发生什么。

亲身体验

我不知道是该先讲有关麦克·凯西的那些原则，还是直接分享我总结出来的模式。我最终选择了我总结出来的模式，因为这是我自己亲身经历的，解读起来会更加自信。要知道，这个时候我需要的就是自信。

“最为重要的，灯塔公司的模式可以用一个词来解释：示弱。”

当然，我并不指望会议现场能有热烈的掌声来认同我的看法，但也没料到在我解释前会有嘲笑声。拉里先生就是这么做的。

“你是说示弱吗？”他调笑着，并不等我回应。“就像某种新时代的嬉皮士那样脱光衣服，赤裸着手拉着手？”会议室里哄堂大笑，我也跟着干笑了两声。甚至加入了怀疑论的行列：“是啊，然后我们再一起嗨歌。”

他们笑得更厉害了。

“但非常有价值的是，你说的‘赤裸’这个词。”我望着拉里，“用‘赤裸’这个词来描述灯塔公司和客户的交往再合适不过了。”

我在又一次引起了他们注意之后，在白板上写下“示弱”和“赤裸”两个词。接着我继续说。

示弱和赤裸

“我在这里说的是他们所拥有的一种无畏的品质，不论他们在做销售还是在做咨询，似乎什么都不怕。”

“企鹅”接着话头问：“什么都不怕？”看得出他不是怀疑，而是出于真正的好奇心。

“一般来说，我们有三大恐惧。”我说，就像一个自信的教授，正在诱发学生的学习欲望。终于让我抓到了机会，准备开始展示我的模型。

我突然意识到不知这样做是否妥当，是否应该事先和灯塔公司的人做些探讨和交流再……但现在都来不及了。我决定，一个猛子扎下去。

恐惧一：害怕丢生意

“第一个恐惧是害怕丢生意，这个担心在销售环节或咨询过程中都会出现。这一点很容易理解。”我转身写道：

#1 害怕丢生意

我转过身来，正准备继续讲三大恐惧中的第二个，这时我发现不少合伙人都皱起了眉——不是在质疑，更像在试图理解我的模式。

“你这么说是什么意思？他们怎会不在乎丢生意?”提问的还是“企鹅”。

“嗯，刚到灯塔公司时，我也很惊讶，灯塔公司的人很少担心他们是否能和客户达成交易，也不怎么担心客户是否会终止与他们合作。”

我本想进一步解释一下，这时吉姆·肯德里克插话进来，震惊了每一个人——不是他说了什么，而是他说话的方式。

“呃……杰克，如果这听起来不太顺耳的话，请多包涵。”

我很确定，在座的所有人，包括我在内，还从来没听到过吉姆·肯德里克这么客气和诚恳地说话。他还不如直接向我挑战呢。当然，我确实搞不懂他是不是真的，因为我以前从未见他这么友好过。

吉姆继续说："如果他们都不关注客户关系的维系，怎么会说他们擅长做咨询呢？"

我不再有任何顾虑了，并坚信自己的"裸式"方式。"你提的这个问题非常好，'小吉同学'。"（哦，好吧，我没真的说"小吉同学"。）"并不是说他们有什么应对客户的高招，他们的一切行动都专注于如何使客户利益最大化，因此他们并不担心生意如何。他们把自己置于不设防的脆弱状态，或者说是完全'赤裸'的，对如何保护自己毫不在意。"

下面一片沉寂，我的观众们似乎十分困惑。感谢珍妮此时打破了沉默：

"那……你能给我们举个例子吗？"

回到白板前，我开始解释灯塔公司和K&B咨询公司做销售拜访的区别。

我的新观众，那些没有参加昨天会议的人，被灯塔公司在销售过程中缺少准备及不那么严谨的态度给惊呆了。

"你是说，他们做销售之前根本就不做调研，是吗？"拉里问。

"当然，他们通常也会浏览客户公司的网站，大概了解客户所在的行业。但是大部分的调研是在见到客户时通过提问来做的。而且，他们拜访客户时从不准备幻灯片或宣传册之类的东西。”

拉里像看外星人一样看着我：“客户对此有何反应？即使不是感觉被冒犯的话，肯定对灯塔公司也没什么好印象吧？”

“你说得没错，不过那只是第一印象。当然客户也不会在刚开始五分钟，就因为咨询顾问没做任何准备就把人赶出去。一旦他们继续和灯塔公司的人谈下去，客户就会抛掉一开始的成见，转而被他们的……”我努力寻找合适的措辞，最终选择了“谦逊的自信深深吸引”。

这时，“企鹅”有点不耐烦地插了一句：“即使在昨天的会议之后，这对我来说仍然难以理解。”

我几乎没有感到任何不适，解释说：“嗯，麦克·凯西的第一个经验法则是做咨询，而绝不推销，真诚慷慨，把生意先放一边。”我把这两个都写在黑板上：

绝不推销

真诚慷慨

“它们表达的意思是，不要试图向客户推销，更不要一遍遍告诉客户：‘如果他们聘用你，你将为他们做些什么等。’你应该马上开始咨询。”

“但是，如果这样做咨询，你给了客户很多好主意，最后客户却不和你签约，而是自己做了，那怎么办？”拉里问。

“我刚到灯塔公司时也有这个疑问，但实际上，它几乎从未发生过。我的意思是，如果客户想要的只是一个想法，那么你只要直截了当地告诉他们，让他们自己去实行就可以了。实际上，客户往往不仅需要好的想法，更渴望咨询顾问能够帮助他们实现这些想法。这么想就合理了吧？”

拉里点点头，对我的说法表示认同。

我继续说：“第二个经验法则是真诚慷慨，是指我们在做咨询时不要时刻担心费用问题。除非客户主动问起，否则不要在销售拜访中提及。当他们问起时，也不必为你的收费不好意思。如果客户对费用有异议，就按客户的标准，少收取一些费用即可。”

珍妮皱皱眉头：“这听起来会被客户占便宜呀？”

“正是这样。这就是赤裸和脆弱的本质。如果客户想占你的便宜，就让他们占吧。”

“我有个疑问，”吉姆发话了，他的观点代表了很多人的想法，“昨天你说这些人收费比我们高。现在你又说他们让客户少付他们钱？”

我微微一笑：“这的确有点儿不可思议，但灯塔公司的大多数客户甚至从未少付给他们钱。这是有道理的，因为一旦客户信任了你，并且发现你关心他们甚于关心自己，他们通常就不会再计较费用，更不会想着怎么占你的便宜。”

另一位合伙人迫不及待地举手问：“那灯塔公司有没有占过客户的便宜，如虚报费用之类……”

没等他说完，我已经摇头了：“绝对没有，那样做无异于作茧自缚。事实上，我曾见过灯塔的顾问向客户坦言，由于客户使用他们的服务并不充分，建议对方少付些预付款。”

房间里至少有一半人瞥了我一眼，意思是说：“我们一点儿也不相信。”

我坚持说：“我知道这听起来很离谱，但是我亲眼所见。灯塔公司的那些人都是些怪人。”我笑了，房间里的很多人也都笑了，“首先，他们让自己处于‘赤裸’的、不设防的状态，这样才能和客户建立信任。最终客户会全然信任他们，并且关心他们。”

有几个合伙人在做笔记，看来我取得了一些进展。但关于“害怕丢生意”还有更多需要解释的，况且后面还有两个恐惧没谈。我得加快进度了。

“那么，麦克·凯西的第三个关于‘害怕丢生意’的经验法则，他称之为‘善意直言’。”

善意直言

“这可能是他们所做的所有事情中最强有力的一个。在我的职业生涯中，从未有人教我这样做过。而且这很难做到，但这是他们成功的关键。”

一个穿着吊带裤的胖家伙，之前一直没吱声的合伙人，名叫芬利（我不知道这是他的名还是他的姓）发表了他的第一个评论：“这听起来有点像幼儿园老师教小孩说的话。”

虽然我没有被这话影响，但这话显然影响到了在座的其他合伙人。

“嗯，听起来像，但是实际应用中可没那么小儿科。实际上，讲出真相可能是件很残忍的事。”

他们似乎急于要我解释，所以我继续说下去。“我认识一个灯塔公司的顾问，他告诉客户需要把客户的儿子从领导岗位上撤掉，因为他不称职。我认识的另一位顾问最近对一位CEO说，他没尽到让他的员工承担责任的职责。就在上星期我也不得不告诉一个家伙，我觉得他在会议上说得太多了。但要记住，直言真相时一定要抱有善意。我们给客户直言时必须设身处地地为他们着想，关心他们的感受，就像对待自己的朋友一样。”

“你是说打感情牌吗？”拉里向我挑战。

“打感情牌？你在开玩笑吧？”

“是的。我是在开玩笑。”拉里笑了，其他人也都笑了。我松了一口气，没想到芬利又发难了。

“杰克，我想我们都和客户有过这样的谈话，你把灯塔公司的人捧得也太高了吧？”

我刚想反驳，但转念一想此时不宜表现得太强硬：“你说得也许有道理，但我得告诉你，灯塔公司的咨询顾问这么做的频率远远高于任何一家我知道的公司。而且，客户对此的反应是很特别的。”

“特别?”“企鹅”大声问。

“是的，从客户对灯塔顾问的赞誉程度来看是不太一样的。无论当时的谈话过程有多不愉快，最终客户都会因为有人足够在乎他们，愿意对他们说真话而高兴。”

珍妮没等我说完：“他们大概无法想象假如灯塔顾问不在现场会如何。”

我朝她笑了笑，点了点头：“没错。”

几位合伙人又开始低头记东西，这时吉姆开腔了：“你能谈谈另两个恐惧吗？我们只有 15 分钟了。”

我看了看钟：“噢，糟糕！”

大伙儿都笑了。

“关于‘害怕丢生意’，还有一点需要说明，这也是我最喜欢的一点。”

我转身写道：

以身涉险

“这一点源于即兴表演，至少我妻子是这么说的。这个理念是指在即兴表演中，如果有一位演员说了一些奇怪的、不合常理的话，其他人不是选择回避、躲闪或视而不见，而是积极地顺着这句话演下去。正是这些古怪、令人不舒服的台词所引发的‘意外’造就了最好的即兴表演。”

我想房间里的人可能已经明白我的意思了，但我必须突出重点。

“在咨询中也有这样的时刻。例如，开会的时候，有人说了一些奇怪或敏感的话，房间里的气氛就会变得紧张，令人尴尬。通常人们会保持安静，等待这一刻自己过去。但是大师级的咨询顾问所做的，至少灯塔公司顾问的做法是：以身涉险，善意直言。”

没有人记笔记，于是我继续。

“在过去的几个月里，这种情况我已经看过很多次了，甚至我自己也做过。确实使人恐惧，令人不舒服，但客户们绝对喜欢。”

拉里眯起眼睛摇了摇头：“稍等一下。我同意这可能是件好事，但你怎么能确定客户喜欢它呢？”

“你这次是认真的，对吧？我是说，你不是开玩笑？”

大伙儿都笑了。

“是的，我是认真的。我的意思是说……”

没等他说完我就接过了话头：“哦，我明白你的意思，你想知道的是，我有没有夸大其词，对吗？”

他点了点头，有点与我和解的意思，于是我回答说：

“每一次我看到咨询顾问直截了当地讨论‘危险话题’时，包括我自己这么干的那次，其结果都是客户主动向咨询顾问表达感谢。客户会说：‘感谢你能让我们如此坦诚地讨论这个问题。’还有说：‘三年来，我一直想做你今天所做的事，但由于担心这会影响到我的职业发展而作罢。’”

珍妮好像突然明白了：“所以你必须足够自信，去做那些客户不敢做的事，或者如果客户自己人来做，会有潜在危险的那些事？”

我真想走到她跟前，踮起脚尖，给她一个大大的吻。然而，我只是微笑着肯定说：“没错。”

吉姆·肯德里克不耐烦地打断了我的话，但并没有讥讽的意思：“好吧，你能继续讲第二个问题吗？不管你叫它什么？”

“企鹅”帮腔：“恐惧，第二个恐惧。”

“没错，”吉姆继续对我说，“杰克，你能接着说说第二个恐惧吗？我们快没时间了。”

一想到我的观众真的对我说的话感兴趣，我就激动不已。我欣然答应。

恐惧二：害怕没面子

“第二个恐惧是灯塔公司没有的，但大多数咨询顾问，包括我在内都需要努力克服的：害怕在客户面前没面子或显得愚笨。”我转身写道：

#2 害怕没面子

这次我没等大家提问，直接解释说：“这里，我并不是说他们厚脸皮，故意在客户面前犯傻，或者对客户说的话不经大脑。而是说当他们有疑问时，他们会直言不讳。虽然做到这一点很不容易，但这在提升客户价值和赢得客户信任方面非常有效。”

“能举个例子吗，杰克？”这次芬利的语气听起来友好了些。我不禁想，对于一个大块头来说，吊带裤是否比系腰带的裤子更舒服。保持专注！我提醒自己。

“当然可以，但它们可以分为几种不同的类型。这是麦克·凯西的经验法则。”

说完，我在白板上又写上了这几个字：

问“傻”问题

“灯塔公司的顾问如果对什么东西不明白时，他们一定会认真探询。不管是一个行业术语、一个缩略语，还是一个概念，对于不知道的事绝不会不懂装懂。必须承认，当我坐在那里不敢开口询问时，而我的一个同事却那么做了，我总是由衷地钦佩他们的勇气，觉得自己就像个胆小鬼。我认为他们的客户也很欣赏他们的做法。”

吉姆并不太满意，他问：“具体的例子呢？”

“让我想想。”我盯着白板，好像那上面正好用隐形墨水写着一个好例子一样。“这有点难，因为这种事经常发生，通常也不是那么有趣。”

就在这时我突然想到一个：“啊，我想到一个，我想我听到过的最傻的问题来自艾米·斯特林，她是灯塔公司的高级合伙人之一。这事我可是听她亲口说的。当时她和旧金山49人队的几位高管开战略研讨会。艾米不是什么体育迷，对橄榄球也一窍不通。会上他们正在讨论营销战略，提出通过关联球队的历史来重振球队品牌，当时有人建议请杰瑞·莱斯拍新广告。在房间里其他人谈了几句话后，艾米一脸不解地问‘杰瑞·莱斯[8]是谁？’”

房间里的人哄堂大笑。

珍妮·内维斯微笑着摇了摇头，说：“哦，不会吧，连我都知道杰瑞·莱斯！”

[8] 杰瑞·莱斯：Jerry Rice，美国著名橄榄球运动员，全美最佳外接手之一，曾效力于旧金山49人队。

我为我的故事辩解道："我和当时在场的人聊过，他们发誓这是真的。"

"那 49 人队的高管们反应如何？"

"好吧，他们开始愣了一会儿，还以为艾米在开玩笑。然后当他们意识到她是真不知道时，我想他们肯定把艾米取笑了个够。会议结束后，有人还特意送给艾米一件杰瑞·莱斯的签名 T 恤，艾米自己倒是不以为意。"

这时我忽然有点儿担心，我的观众会不会认为我在灯塔公司的那些同事们都是些不学无术的家伙，于是我对我的故事做了些限定："当然，我刚才举的例子是很特别的。通常当灯塔公司的顾问提出一个'傻'问题时，在房间里至少还会有一个人承认他们也不知道答案。那么，这位勇于提问的顾问会被他们视作英雄。"

不管吉姆是否出于善意，还是那么没有耐心："接下来还有什么？"

我走到白板前："嗯，就像问'傻'问题一样，他们相信要勇于提'傻'建议。"

提"傻"建议

"在灯塔公司我见过很多人这么做。"

"例如？"吉姆紧追不舍。

我想了一会儿："让我们看看。你是想听一个真正的'傻'建议，还是一个貌似傻但最终被证明是非常有效的建议？”

“最好都讲讲。”

狡猾的家伙。我真的不想再讲灯塔公司同事罕见而好笑的事。所以这次我决定讲一件发生在我自己身上的事。

“那好，讲一个真正的‘傻’建议。我最近参加了一个 IT 公司高管的外出会议。他们谈到很难管理新的销售线索，所以我建议他们从外面采购一些更好的软件来管理销售线索。”

“为什么这是个‘傻’建议？”珍妮问。

“因为他们自己有一个产品（虽然只是一个小产品），就是一套领先的销售管理软件。”

从大家脸上的表情看得出他们很同情我，我也高兴地接受了他们的怜悯。

“那你最后是怎么下的台阶啊？”“企鹅”问。

“很简单啊，你也可以做到。只要马上承认那是个‘傻’建议就好了。事实上，你应该感谢它。”

我走到白板前，边补充说边写道：

勇于认错

“这是什么意思？”

“你一旦意识到这不是个好主意就马上承认。你可以自嘲，也接受大家的嘲笑。更重要的是，你还要继续提出新的建议。你的大多数主意即使不是那么好也没什么，只要你能够谦逊地承认自己不是专家就不会对你有什么伤害。而且如果你已经和客户建立了信任，他们是不会太介意的。”

“你怎么这么肯定？”

“因为每当我听到有人提出‘傻’建议时，客户就会说‘不行，那行不通’，然后继续，这真的没什么大不了的。”

“但如果你的大多数建议都很糟糕呢？”吉姆问。

“呃……那可有大麻烦了！并不是因为你采用了这样的方式，而是因为你能力不足。”

大伙儿都笑了。

“关键是你的客户在寻找好的建议。他们有良好的意愿，又没那么自大，其实并不介意筛掉些不那么好的建议。”

“好吧，再给我一些貌似‘傻’建议，但后来得到良好结果的例子。”吉姆推着我往前走，似乎更有热情了。

于是，我讲述了艾米向医疗技术公司提出的关于从竞争对手那里获得贸易许可证的建议。还有在旧金山 49 人队的主赛场设立亲子看台和禁酒区的建议。我还讲到了迪克建议他的一个制造业客户将他们所有的工厂搬回美国，并采取“美国制造”的营销策划。最后我提醒他们，这些建议听上去好不好并不重要，因为客户最终实施了这些建议，更为重要的是，他们真的这么做成功了。

看到大家用心领悟的样子，我开始觉得更有信心了，我的小讲座的最后部分相对来说就容易多了。这时马蒂匆匆走了进来。

欺　骗

马蒂一进门就直奔吉姆，他甚至连看都没看我一眼，也没意识到我正在演讲，这让人颇为恼火。

马蒂趴在吉姆身边耳语了几句，然后才第一次瞄了我一眼，试图掩饰脸上的笑容。我还没明白发生了什么事，他就转身离开了房间。

吉姆·肯德里克站起身，走到会议桌旁，靠近桌面上的会议电话机。

“先生们，我想你们都听到了吧，还有什么需要我补充的吗？”

起初，我以为他是在和坐在桌子旁的合伙人说话。但他说话的音量很大，好像在用免提模式跟电话另一端的人说话。房间里的其他人似乎并没感到什么疑惑，只是盯着他们面前的三角形远程会议电话机。

过了几秒，电话里传来一个声音。

“不用了，很好，我们下周一敲定最后的细节，谢谢各位。”

然后吉姆在电话里对另一个人讲话：“你呢，麦克，你觉得怎么样？”

“呃，我觉得他抓住了关键，可能比我做得还好。干得漂亮，杰克！”

我心不在焉地回应“谢谢你！”不知道我在跟谁说话，也不知道为什么有人在电话的那端听。

“好的，谢谢各位，我们回头再详谈。”吉姆说完按了一下免提键，挂断了电话。

我不知道该说什么。我看着吉姆，但他正在和“企鹅”握手道别。

“对不起，”我说，语气不太婉转，“能告诉我这是怎么回事吗？”

真相大白

吉姆转向我，带着自豪和歉意笑道：“是的，当然。我欠你一个解释，杰克。”

吉姆重新坐下，对我说：“刚才在电话上的两位是战略视野公司的老板汤姆·保尔森和灯塔公司的创始人麦克·凯西。我觉得他们应该听听今天的会议。”

不等我开口询问，吉姆接着说：

“是这样，我们准备把灯塔公司转售给战略视野公司。我想让麦克确认你对他公司的描述是准确的，同时我也想让汤姆·保尔森能听到你作为一个中立方对灯塔公司的客观说明。他们俩从一开始就在听，并通过另一条线路进行讨论。很明显，保尔森对你的介绍很感兴趣，麦克也证明你说的全都属实，所以这单交易基本上已经谈成了。”

我无言以对，但显然我的脸色暴露了我的愤怒。珍妮抢先开口，试图阻止我在暴怒之下口无遮拦。

“杰克，这是最好的办法。”

“你的意思是让他们偷听我的报告，还是转售灯塔公司？”

“当然是转售灯塔公司。”

我目瞪口呆，非常生气。吉姆接着说：

“事情是这样的，我们刚收购完灯塔公司后不久，马蒂就开始担心，我们两家公司的文化差异比他想象的要大，很可能无法合并。他担心这件事弄不好会对自己不利，于是决定在事情变得更糟之前，我们要尽力设法规避损失。”

我对马蒂在幕后指使这一切一点儿也不感到惊讶。

吉姆接着说：“随着时间的推移，我开始同意他的观点。虽然我很喜欢灯塔公司的赢利能力，但我和业内的一些人谈过，我意识到 K&B 咨询公司的咨询顾问和灯塔公司的完全不一样，进行合并的话确实风险很大。所以几周前我给战略视野公司的保尔森打电话，游说他收购灯塔公司。”

“几周前？就是说你早就知道合并是行不通的，是吗？”

“也不是。事实上，直到听了你今天的演讲，我才完全确信这一点。我的意思是，毫无疑问，我认为我们做不到这种‘赤裸裸’

的、暴露脆弱的事情。这是‘老狗学新把戏’之类的东西。”

“那你是什么时候决定安排他们参加电话会议的？”

“昨晚，你走后。安排保尔森听你讲述在灯塔公司的经历，让麦克·凯西核实我们的怀疑。这些都是昨天临时决定的。”

“那你为什么不事先告诉我？”

“因为我不想让你为我们要做的事情分心。你昨晚充满激情，我希望你今天表现得同样充满激情。”

我很难消化这一切，不知道对吉姆该同情还是厌恶。

说完吉姆就摆出他经典的肯德里克脸：“好吧，我又要开会迟到了。”他看了我一眼说，“还有什么不明白的就去问马蒂吧。”

然后他转身就走了。

“可我还没介绍第三种恐惧啊？”我问，我敢肯定这听起来很可怜。

吉姆头也不回，对我摆摆手说：“对不起，我要迟到了，灯塔公司的事已经定下来了，谢谢你，杰克。”他走了，紧接着是芬利和拉里。

我觉得自己很无奈，就像在赛场边上，孤零零坐在冷板凳上的小男孩。

会议室里还剩下珍妮、“企鹅”和另两位合伙人。珍妮脸上的神情表明，她可能抑制住了某种情绪。几秒之后，她终于开口说：“呃，我想接着听你说说第三种恐惧。”

其他人也纷纷点头。

现在，如果对方只是出于怜悯而客气地说说，我肯定会礼貌而坚定地拒绝。但他们似乎真的很好奇（也许甚至有点渴望）想知道模式的其余部分。

抛开我的挫败感，更不用说我对自己职业生涯的不确定感——我决定短暂休息一下，这样也许我能振作起来一点儿。

恐惧三：害怕失身份

休息期间，我给戴安娜打了个电话，简要地告诉了她刚才发生的事情。我从没听过她说了那么多儿童不宜的话。当我回到会议室时，我没料到还会有人在那里。我试图表现出很冷静的样子，然后继续说：

“好吧，第三个也是最后一个恐惧是，灯塔的顾问们似乎已经完全克服了：害怕自己被客户看低。”

我强作镇定地走到白板前，用我最喜欢的蓝笔把它写下来：

#3 害怕失身份

看到几个人脸上露出更加困惑的表情，我并不感到惊讶，解释说：

“咨询顾问最讨厌看到的情形之一，就是被客户看不起。更讨厌的是，被客户直接看穿。因为他们想让自己在客户面前显得很重要。”

“企鹅”皱起了眉头：“这听起来好像跟第二个恐惧害怕没面子，差不多嘛。”

我点了点头，继续说：“是的，确实如此。我想它们是相关的，但又有些不同。害怕没面子或看起来傻，是要冒智力上的风险，这是一种不希望看到自己犯错的骄傲。但害怕在身份、地位上被人看低，更多是讲一个人的谦逊品质。你不需要成为被关注的焦点，有时甚至需要客串一下客户助理的角色。”

我的“学生们”稍微清楚了一点儿，但仍然没有达到我想要的水平。正在这时，负责组织发展业务部的合伙人——我记得她的名字好像叫海伦，提了个很好的问题：“这条原则包括哪些要点呢？”

“问得好！”我转身在白板上把所有要点全部写了下来：

替客户挡子弹

聚焦于客户

以客户为荣

给客户打下手

我决定不等他们反对，而是先发制人：“是的，我知道这些听起来像顾问的童子军誓词，但它们的含义远不止于此。”

珍妮举起手来：“我想这听起来也像马屁精的誓言。”

大家都笑了，尤其听到珍妮这样说。因为这不是批评或攻击，我和其他人一样喜欢这样的时刻。

“对，”我说，“如果你以一种谄媚的方式做这件事，你这样讲也没错。但是请记住，同时你也是那位——对客户善意直言并以身涉险的顾问，所以客户不会认为你的低姿态是在拍马屁，这就是它如此强大的原因。”

我可以看到想象中的小灯泡开始在我的观众的头上闪烁，所以我继续说：

“某些人有这样一种力量是如此强大：在这一刻，他可以充满自信地因为一个敏感的问题与客户正面交锋；在下一刻，他又能做到谦卑地服务客户。正是这两种看似矛盾的品质，才使它真正发挥作用。”

“企鹅”笑了，绝不是嘲笑：“现在你听起来像个教授啊，给我们举几个具体的例子怎么样？”

我愉快地答应了，并决定从“替客户挡子弹”开始，因为这是最困难的。

我首先向他们讲述了麦克·凯西在那个战略会议上被客户的高管们嘲讽的故事，这能很好地帮助他们理解为什么这是勇气和力量的例子，而不是软弱。

“所以你并不是说允许客户欺负你？”珍妮以一种发表声明的方式问了这个问题。

“当然不是。只是你要知道，在某些时候，需要让自己通过一些小小的牺牲来帮助客户完成他们需要完成的事情。相反，如果真的让客户欺负你，那将是一种可怕的伤害。我知道这两者之间有一条细细的分界线，我们完全可以分得清。”

“再讲个例子，”珍妮笑道，“没那么戏剧化的。”

我想了一下，说：“好吧，让我们假设一下，你正在帮助客户实施一个新流程，但没有取得成效，客户因此受到批评，你也不知道问题出在哪里。这时你应该站出来，告诉他们，显然是你忽略了一些事情，你有责任解决它，并为给他们造成的不便而道歉。”

“这个说起来容易做起来难啊！”海伦说。

“是的，”我认同她的观点，“这是痛苦的，但也是强大的。”

突然，“企鹅”顿悟了：“嘿，这听起来就是不害怕丢生意嘛！”

我点头同意：“是的，有时候这些原则会相互重叠。如果你最大的恐惧是担心丢生意，那也说得通。但如果你害怕的是，必须为一些可能不完全是你的错误承担责任，那就是‘害怕失身份’。在大多数情况下，两者都会有一点儿。”

他承认我的回答不无道理。

珍妮看了看表，接着问：“那‘以客户为荣’该怎么理解？”

我试着加快速度：“这一条是指真正展示热情和尊重客户的

工作。”

“如果你对客户的工作没有热情怎么办？”“企鹅”问。

“那就找一种方法让自己变得有热情。我的意思是，假如你服务的客户是一家小小的生产回形针的企业，那么你需要意识到回形针对这家企业、对他们的客户、对他们的供应商和对他们的家庭来说多么重要，回形针就是他们的生命。如果你不能因为帮助他们而感到兴奋——不一定是关于回形针，而是关于你的客户的生存之道，那么请换另一个顾问与他们一起工作，这是你该做的。”

“如果他们从事的是你认为很糟糕的那种生意，那你怎么办？”他反驳说。

“例如？”

“我不确定。例如，色情业、烟草业这类生意。”

我笑了笑：“嗯，我不知道你是怎么想的，但对我来说，违反道德准则的客户我肯定不接。”

“不过这种情况也不总是分得那么清楚。”

“没错，上个月温哥华有一家在线赌博公司给灯塔公司打电话寻求合作，我们讨论了这件事，并一致认为这家客户的业务并非令人尊敬或感觉良好。于是我们打电话给客户，也告之以实情，拒绝了这单生意。”

“‘给客户打下手’，这个是什么意思？”珍妮问，竭力想让我把所有的要点都讲完。

“很多事情，如会后整理会议纪要、外出订餐，或者帮着制作幻灯片，基本上都是些很琐碎的小事。”

“‘裸式’咨询顾问需要做这些吗？！”我看得出来，珍妮并不喜欢这部分工作。

“也不完全是，不过他们很清楚，前提是必须做好自己分内的事。在帮助客户打下手方面，他们也会尽心尽力。”

珍妮接受了我的解释。

海伦还是没有完全理解：“我还是不明白这一点，这和刚才说的不想看起来很傻就是‘害怕没面子’有什么不同？或者说为什么要加以区别。”

我知道这两点之间是有区别的，但我一时想不起来用什么方式来描述。忽然我想到了一个主意：“让我们换一种方法来试试。在座的每个人都看看这三大恐惧，请告诉我你最大的挑战是什么？”

他们都瞪着我，就好像我让他们脱下内衣，上台去表演。

“来吧，”我催促他们，“你得知道哪一个对你来说是最难的。”

我的观众们现在正在研究白板上的内容，他们环顾房间，好像在互相比较。最后还是“企鹅”先开了口。

“我不喜欢在客户面前没面子。”他强调着，“要是不知道答案，或者做错什么事，那真是要了我的命。”然后他解释了这是自己的职业性格测试结果，这与他是一个理性的人有关。我能理解。

海伦接过话头："我不太在乎那个。不过我很在意能否让客户开心，我害怕他们拒绝我。我想那是关于害怕丢生意的。"

我同意她的分析。

她接着说："那可能是因为我的性格，我很在意别人怎么看我，而我又很好胜。我最担心的是，有人打败了我，或者让客户觉得我表现得不够好，结果导致丢生意。"

"企鹅"笑道："对我来说，这不成问题，要是对方拒绝我，我会这么想'对方肯定是个大傻瓜，不知道我能帮助到他们'。"

我们都笑了。

"我是认真的。所以我妻子总说我是个自大狂。"

珍妮盯着白板，点了点头："嗯，我想我现在明白了。我的一个员工就有'害怕失身份'的问题，这是关于自尊心的。每当客户要求她做一些她认为低于她所受教育水平的事情，或者表现出对她不够欣赏时，她就会变得意志消沉。我一直认为她缺乏谦卑的态度，就是这个缘故。"

"那你呢？你最害怕什么情况？"我问道。

"我就知道你要问我！"她又看了看白板。

"你们觉得我最怕什么？"珍妮转向海伦和其他几位同事，其中有"企鹅"和一位我叫不上名字的男人。

他们异口同声地回答："害怕丢生意。"

她笑了："是的，是的，你们说得对。"

她的表情突然变了，看上去很困惑。

"怎么了？"我问她，面对这群"学生们"我已经感到很自在了。

她仔细看了看白板，显然还在思考："我只是在想我丈夫的事。他是一个建筑承包商，就是盖房子的。他的客户都很喜欢他，他几乎所有的生意都来自客户推荐。"她停顿了一下，"我是说，虽然他从来没有像你这样描述过，但他的做法确实跟你讲得差不多。我认为他对他的客户绝对是'赤裸裸'的。"

大家都笑了。

我仿佛看见一盏小灯泡在海伦的头上亮起。她问了她的同事们一个问题："嘿，你们说，我们公司里提供最好内部服务的是哪个部门？"

两秒后，珍妮和"企鹅"，以及那个我叫不出名字的合伙人几乎不约而同地说："法务部！"

"为什么呢？"海伦接着问。

"企鹅"毫不犹豫地回答："因为杰里米……"他停顿了一下，转向我解释说，"他是我们公司的法务顾问——他也做了很多你说的这类事情。"

珍妮点点头表示同意："他们犯了错就承认，遇到不懂的问题就张口问，他们随时准备挽起袖子干脏活、累活，从不认为这样做会让法务部低人一等。”

海伦笑着补充说：“他们也会对我们‘善意直言’。”

她的同事笑了，显然是有我不知道的情况。

正在这个愉悦的时刻，马蒂突然从会议室外探头进来：“嘿，杰克，你这边完事后能顺便来我办公室一趟吗？我在那儿再待一小时左右。”

我点点头，他就走了。这个意外的小插曲让刚才轻松热闹的气氛瞬间消失，会议室里一下子变得安静下来。

终于，“企鹅”打破了沉默：“那你怎么看，杰克？”“我认为你说的法务部是对的，每次我跟他们……”

他打断了我：“不不，我是说，你一会儿打算怎么跟马蒂谈？”

我对这个突然的问题和他的关心感到惊讶。

我想了一会儿：“也许我该问问你们，你们可能有更好的主意。”

“企鹅”以一种亲切、爱护的姿态微笑着说：“我倒是希望我能做决定。但是你知道，吉姆一直让我们的部门按我们自己想要的方式运作。这事很可能取决于马蒂。”

“那可不是我想要的答案。”

房间里人们脸上的微笑似乎是怜悯和喜爱的混合。我心领了。

“那么，大家对灯塔公司的咨询方式还有什么问题吗？”

他们摇摇头，显然更关心我的事业，而不是满足他们的好奇心。

我有点儿不死心："你们觉得 K&B 咨询公司会采用这些方式吗？"

"你在开玩笑吧？"海伦说，"如果不这么做，我们就太傻了。"

"不过，我不确定这里的每个人都能把它付诸实践。"说这话的是那位我叫不出名字的合伙人，不知为何，我仍然想不起他的任何事情。

海伦同意他："毫无疑问，公司里的某些人会很难做到裸式咨询。更重要的是，他们对裸式咨询压根儿没有兴趣。"

我们都笑了。

然后珍妮又说了一些让我想踮起脚尖亲吻她的话。

"但我将尽我所能来教导我的团队这么做。"

"企鹅"似乎被他同事的声明所鼓舞："我也是。为什么不呢？"

就在这时，前台的一位接待员，一位我搬到半月湾后刚入职的女士，走进了房间："对不起，请问哪位是杰克·鲍尔先生？"

我举手向她示意。

"马蒂很着急，想知道您什么时候会去他的办公室。"

我看了看房间里的新朋友。

珍妮说出了他们的想法："你还是快去吧。"

我点点头走出了会议室，感觉自己正在走向一个死亡赛场。

摊　牌

我走在去马蒂办公室的路上，试图让自己保持“裸式”状态。我得承认自己一直在与恐惧做斗争，并不是因为害怕发生什么，而是害怕不知道它会如何发生。说实话我还没准备好如何应付马蒂的虚伪做派，尤其是在我刚刚完成那样一场演讲之后。

我祈祷着为自己打气。

我推开门，马蒂正在打电话，于是我在门口停了下来。他露出虚伪的笑容，指指前面的椅子示意我坐下，不过我还是站着没动，就是要和他对抗到底。

过了一会儿，他结束了谈话，终于和我说话了。

“真是一段疯狂的日子，是吧？”他笑着说。

“如果你所说的‘疯狂’是指你的老板只顾自己，在遇到麻烦的第一时间就拉你挡枪，那么是的，这样的日子确实是挺疯狂的。”是的，我真的是这么说的，还带着微笑。我本希望自己能更加地克制，但我没做到。

“哇哇，等一等。我想你应该给我一个解释的机会。”

我内心的善良占了上风：“好吧，抱歉。你说吧，我在听。”

马蒂停顿了一下，就像他真的没什么话可以为自己辩护一样，看来他所谓的“解释”不过是个小花招。当然，作为一个狡猾的家伙，他总是能找到话说："这对我来说也不容易啊，我不知道灯塔公司的文化这么奇怪，也不知道这种做法在我们 K&B 咨询公司完全行不通。"

他停下来，想看看我是否会同情他。很明显，我并不买账，于是他继续说："我自己也承受着压力，一直在尽力把我们解救出来。再说你以为跟战略视野公司谈转售容易啊？！"

我决定保持沉默，这样既能确保我不会说任何令我后悔的话，又能让他不爽。

而后马蒂做了一件出乎我意料的事："呃，杰克，我很抱歉。我知道我是个混球。这一切都没有按预期的那样进展，而你却深陷泥潭，我也没有在关键时刻帮你解围。呃……我真不知道该说什么好。"

又跟我来这一套？这个我恨透了的人（向玛丽修女致敬，或许我该用"讨厌"这个词）正在开始自我开脱。一个给我带来如此多痛苦和麻烦的家伙，居然又一次逼我"成长"，让我来咽下这口气！

我深吸一口气，缓缓说道："好吧，我接受你的道歉。"然而心中一片惘然。

片刻的沉默之后，马蒂把谈话向前推进："不管怎样，你知道的，我明年夏天就要退休了，到时候这个部门要找新的负责人，我跟吉姆谈过了，我们都觉得你是合适的人选。"

这话若是放在四个月前，甚至是四星期前，我即使不会欣喜若狂，至少会如释重负。可眼下我的心情却很矛盾，甚至感觉有些失望。

“好吧。”我只是应付着。我看得出马蒂期望我能表现得更热情，也更感激一些，可我就是没办法做到。

“这不是你一直期待的吗？”他问道，“可你看起来好像并不兴奋啊？！”

我试图恢复一点心神：“呃，是的，是我期待的。我只是累了，今天真是疯狂的一天，所有的一切都来得太快了。”

“是啊，我能想象，”接着马蒂就跳到下一个话题，“这样吧，这两天你把灯塔公司那边的事收收尾，然后就准备回来上班吧。记得给自己放一天假好好休息一下，最近确实够你受的。”

我点点头，不知说什么好。最后我挤出一句“好的，谢谢。”就走了出去。

意志的考验

回到家。在我把这个故事的完整版本讲给戴安娜听的时候，她不停地打断我，“不不不，等一下，他们的原话是怎么说的？”我稍微有些厌烦，但还是尽量把故事完整地讲给她听了。

好不容易等我讲完，戴安娜感叹道：“哇，我要在现场就好了！”

我们都很清楚，要是戴安娜真的在场，还不把马蒂掐死，她去了绝对只会给我添乱。晚饭后的时光我全心陪伴家人，避免再讨论工作。不过到上床睡觉时，我却辗转反侧，彻夜难眠。

第二天一早，我开车去半月湾，打算告诉迪克、艾米和迈特整个事情的经过，然后就收拾东西走人。行驶在沿海公路上，残酷的现实深深打击着我。

首先，这可能是我最后一次前往半月湾，也是最后一次跟他们一起工作了。虽然只有几个月，但是我无法否认自己有多么喜欢灯塔公司，它改变了我许多。

其次，我手上的几个客户也很难办，因为把工作交接给其他咨询顾问往往要费数周的时间，显然我没有那么多时间。

对于我描述的这两天在K&B咨询公司发生的事情，灯塔公司同事们的反应让我很吃惊。特别是K&B咨询公司转售灯塔公司给战略视野公司这件事，我以为他们不会太在意，甚至可以说更安心了。但他们并不是这样，我问为什么，迪克的回答让我一愣。

“因为你啊！”他回答，好像我早该知道似的。

和往常一样，迈特略带揶揄地笑道：“可不是嘛，你知道我们费了多大劲儿才把你给培养出来了？我可没时间再来一遍。”

我们哈哈大笑，接着讨论了如何安置我的几位客户。这时我突然意识到，经历了四个月的裸式咨询，我再也无法回到K&B咨询公司，按以前的方式工作了。我默默地把灯塔公司的名片放在桌上。

“你们觉得我是不是应该跳槽到战略视野，然后继续在这里工作？”

我的朋友对我的问题一点也不惊讶。事实上，他们好像一直在等我这么问。但他们的回答让我大吃一惊。

“除非你想独自工作。”

见我一脸困惑，他们微笑着向我解释。

艾米宣布了一个消息：“我们准备离开灯塔公司了。”

“什么？”

迪克证实道：“我们给他们六个月的时间整合业务，把客户转到新的咨询公司，然后我们就离开。”

“可这是……为什么啊？”

迈特抢着答道：“我刚才不是跟你说了嘛，我们不想再费时间培养新人了。”

大伙儿又是一阵哄笑。

迪克道出了其中的缘由：“听着，迈特说的有一部分是对的。不过最重要的是，现在正是我们做出改变的时候。我打算半退休了，减少工作时间。”

“我也是，”艾米接着说，“我的孩子们正处于一个需要妈妈多花时间在家陪他们的年龄段。”

“是啊，”迈特抱怨道，“我就这么被你们遗弃了。”说完自己倒是先笑了起来。

“那你有什么打算？”我问迈特。

“我打算自己开咨询公司，专注做组织发展业务。”

“那……那我怎么办呢？”我感到一阵茫然。

“你啊？你可就完蛋喽！”迈特啥时候都不忘开玩笑。

我也笑了，是那种真正男人式的笑——换作孩子的话，肯定会哭出来。

新方向

当我向 K&B 咨询公司提出辞呈时，马蒂居然怒骂我忘恩负义。如果是在电影里，我可能狠揍他一顿。但这既不现实也不高尚，所以我只是笑着说：“哦，那就这样吧！”

两小时后，我接到战略视野公司合伙人汤姆·保尔森的电话，他邀请我到公司的新部门——灯塔公司担任负责人。其实在我挂断电话之前，我就打算婉言谢绝这个邀约，我受够了大咨询机构的做派，而且迈特建议我加入他的咨询公司。突然间，这听起来像最好的选择。

但我不能马上拒绝这个提议，因为这是汤姆·保尔森，在我和他的两次简短电话交谈中，他听起来是个很正派的人。他在电话里邀请我去趟半月湾，给他一个机会改变我的想法。要是这样我还一口回绝对方，那可真的是有些“忘恩负义”了，所以我同意去和他见面。

那天晚上，我和戴安娜讨论这一切，我很惊讶她没有给任何建议。通常情况下，她会给我很多忠告。但这一次，她让我自己拿主意，她坚信我会做出正确的决定。

“无论你怎么决定，只要确保你能做你自己，并享受你所做的事情。”

“你这不是跟没说一样嘛！”我取笑她，希望她能再给点意见，但她只是笑笑。

第二天一早，我就赶到灯塔公司，我沿着走廊慢慢踱步，在那个老式的喷泉引水口停下来喝了一大口水。望着“男生”和“女生”洗手间标牌，我甚至对我不想上厕所感到有点失望，因为我想最后再用一次那个小小的便池。

走进会议室，我看到了两个男人。我不认识他们，不过其中一位看着好像很眼熟。

“你好，杰克，我是汤姆·保尔森。”说话的是一个穿着考究，看上去很专业的男人，一看就是那种经营高端咨询公司的人。从他脸上的微笑和我在那一瞬间所能收集到的关于他的一切信息，他确实看起来像一个正派的人。

另一个男人，就是我看着眼熟的那位，比较年长，穿着牛仔裤和马球衫。他对我微微一笑，好像对我很熟悉，更奇怪的是，那笑容中似乎还有几分赞许的神色。

“我是麦克·凯西，我听说过很多关于你的事，杰克。”

虽然觉得自己不应该感到惊讶，但我不能否认，当我终于和这个多年来一直让我嫉妒和愤怒的男人面对面时，我不由得心神一震，而现在，不知何故，我心中只有钦佩之情。

麦克看上去很面熟，因为我在灯塔公司办公室里看到过他的生活照。他的声音我只听到过一次，就是在两天前的会议上听到他在电话里说过几句话。

“我要感谢你前两天为我的公司做了这么好的演讲，你做得棒极了！”

我点了点头，接受了他的称赞，但不知道该说点什么。

幸运的是，他继续说：“我怎么就从没想过要像你那样，把那三大恐惧总结成模型呢？”

“可能是因为您已经在实践了，根本不必总结什么模型。”

他笑了：“也许是吧。”

我们坐下来，我向麦克问起他女儿、妻子和孙女们的情况。他感谢我的关心（看得出他是真的很感激）并告诉我他们一家人虽然正面临难关，但情况会逐渐好起来。

随后他改变了话题：“杰克，我来这儿是想让你留下来负责这里的工作。”

我转向汤姆·保尔森，他对我笑笑，说："我们想继续保持灯塔公司的'裸式'文化，然后看看能不能把这种模式应用到战略视野公司。"

麦克继续说："我不能责怪迪克和艾米想要离开。他们现在正面对生活中的新选择。但我很确定我们可以说服迈特留下来，只要这里有一个领导能与他共事。"

我什么也没说，但我的肢体语言肯定表明我还没有被说服，于是麦克继续说：

"听着，灯塔公司是我的心血，我不想看到它分崩离析，我也不想看到这里的人失去工作。我刚离开公司时，虽然觉得把公司卖给 K&B 咨询公司不是最好的选择，但隐约中还是希望事情能有转机。直到前两天在电话里听到你的演讲，我终于看到希望，我看到我们有机会继续做下去。这就是我专程飞来的原因。"

麦克的话让我感动不已，这个生活发生翻天覆地变化的男人真是不容易。保尔森的话也让我宽心了许多，他看起来非常真诚。我不想鲁莽行事，但我也不愿让这两位正派的男士失望。

"嗯，我需要和我妻子商量一下，"我说，其实我知道她会为我感到高兴，"另外，要是能说服迈特也……"

麦克打断我，有点不好意思地说："其实我已经跟他谈过了。"

"真的吗？"

"我问迈特，如果让你来管理灯塔公司他是否愿意留下，他说当然愿意。很抱歉没事先告诉你，不过我确实很希望……”

我马上接过他的话：“没关系，这很好。我明白了。”

突然间，我意识到那一刻是多么的不真实。在短短几天内，我从预期被解雇、事业崩塌，到获得一直梦寐以求的工作。再从拒绝马蒂，被骂作忘恩负义，到今天站在这位穿着蓝色牛仔裤的大神一样的人物面前，这一切感觉都像做梦一样。

“等一下，”我说道，“我想我已经知道我妻子的意见了。我当然要接受这份工作。”

汤姆热情地握着住我的手，这太好了。麦克只是笑眯眯地看着我，就像一位慈祥的长辈，他一直都知道我会做什么。

然后他们给迈特打电话通知会谈结果，我也把这个消息告诉了戴安娜，她的反应证实了我的决定是正确的。

我感谢了汤姆·保尔森，并和他约好两天后再碰面，把所有细节敲定。然后是和麦克·凯西道别，我们下次见面又不知会是何时。

走出这栋由校舍改建的办公楼，我竟然体会到了一种久违的如释重负感，对自己的职业生涯充满信心。虽然过去几个月很煎熬，但我知道这是值得感激的。我甚至考虑给马蒂发一封感谢信，但想想还是算了。

我沿着走廊慢慢走着，清风拂面，经过“男生”和“女生”的洗手间和儿童型号的喷泉饮水口时，我不禁又想起了玛丽修女。我决定写一封感谢信给她。

第 2 部分

裸式咨询服务

第 5 章
裸式咨询服务的起源

在 20 世纪 90 年代后期，我和朋友创办了一家名为 Table Group 的管理咨询公司，为各行各业的客户提供各种各样的服务。公司伊始，我们就采用了一种简单和非正式的方式来服务客户，取得了令人惊讶的客户忠诚与信任。本书就是介绍这种方式的，我们称之为裸式咨询。

对我来说，解释裸式咨询和服务模式的有效性是一大挑战，因为与我的其他书不同，它要求我以自己的公司作为例子。在我看来，这种不谦虚的态度会以任何可能的方式出现，这对我来说尤其可怕。因为裸式咨询服务模式的关键之一（也是我们公司核心价值观的基础）就是谦逊。如果我没有充分传递出我们这种服务方式的力量，也许你不会认为它值得采纳。但在我看来，这种方式绝对值得采纳，因此就以这样的形式呈现给大家了。

多年来，裸式咨询服务让我们与客户之间建立了超乎想象的信任。他们毫不犹豫地欢迎我们参与讨论他们最关键和非常敏感的话题。往往在超出我们所提供的核心服务范围以外他们也一直寻求我们的意见和建议。即使在预算紧张的时候，他们也尽量保持与我们的合作。当其他客户考虑与我们合作时，他们总是热情和真诚地为我们做背书。

从本质上说，客户和我们的关系更像真正的合作伙伴和团队成员，而不是供应商或局外人。或者就像我们喜欢说的那样，他们对待我们就像他们的家人一样，可能是表兄弟，但真的是很亲密的那种。除让我们的工作比我们想象的更愉快、更获益、更有价值外，这种裸式咨询服务使我们能够以有意义的方式更有效地服务和帮助到客户。

这本书的故事是关于一家管理咨询公司的，因为写的就是我们自己。然而，裸式咨询的服务方法当然不限于管理咨询领域，它适用于任何需要与他们所服务的对象建立忠诚和互赖关系的人。

好了，现在就让我们来看看什么是裸式咨询。

第6章
裸式咨询的定义

从本质上讲，裸式咨询归根结底就是咨询顾问接受弱点的能力——为了客户的利益，能够表现出不同寻常的谦逊、无私和透明。

虽然听起来显而易见，但要做到这一点比看上去要困难得多，因为谦逊、无私和透明往往带来痛苦。大多数人，尤其在现今社会文化中，都不理解也不欢迎这种痛苦。我们大多都会尽量避免尴尬和痛苦的情形，这就是为什么我们容易受到三种恐惧的影响而无法与客户建立信任和忠诚的原因。

#1 害怕丢生意

没有哪个咨询顾问愿意失去客户、业务和收入。然而，具有讽刺意味的是，我们越是害怕丢生意，越是会令我们丢掉生意。因为对失去业务的恐惧使我们避免做那些困难的事情，而正是去做这些困难的事情才让我们与客户建立更多的忠诚与信任。

客户最想知道我们是更关心帮助他们，还是更关心我们自己的收益。如果我们只是为了自己的收益而做事，无论我们做得好与不好，最终都会失去客户对我们的尊重，也会对是否应该信任我们有所顾虑。

裸式咨询顾问不会过分担心失去客户，也不会觉得自己的好主意被客户盗用而感到吃亏了。事实上，他们愿意把自己置身于各种具有风险的场景下，他们知道这样做才会赢得客户真正的信任。他们明白，即使过程中有挫折和失败，但最终会赢得更多的声誉。

值得提醒的是，我们的客户可以察觉到"害怕丢生意"这种恐惧，并对它感到厌恶。他们会被那些真诚直接的咨询顾问所吸引，即使这可能危及他们的关系。如果我没记错的话，同样的原则也适用于约会：女孩们更喜欢诚实守信的男人，而不是那些死心塌地或对她们言听计从的人。我知道，这听起来很疯狂和违反直觉，但这是真的。

#2 害怕没面子

没有人喜欢在公众场合犯错误或出丑，尤其在客户面前。然而，这就像一个五年级的学生，唯一比举手回答错误更糟糕的事情，就是由于害怕而根本不举手（并且知道自己往往有正确答案）。这种恐惧根植于骄傲之中，其实就是为了避免表现出无知的样子，希望被人视为聪明能干。

裸式咨询顾问更关心该如何帮助客户。他们愿意提出问题或提出建议，即使这些问题和建议可能被证明是可笑的或错误的。他们乐于承认自己不知道的事情，并且很快指出（甚至庆祝）自己的错误，因为保护自尊心对他们来说并不重要。

客户之所以信任裸式咨询顾问，是因为他们知道，这样的顾问不会为了保全面子而隐瞒自己的想法、掩盖自己的错误或修饰自己。对于一个希望被视为“聪明”的顾问来说，这可能是一件可怕的事情。但对于那些想要听取我们所有建议的客户来说，他们真正渴望的是透明和谦逊——这些品质比智力更有吸引力。

#3 害怕失身份

如同前一种恐惧，这种恐惧也是根植于自尊心的，但两者之间有着重要的区别。害怕失身份与智力方面的自豪感无关，而与维护我们在客户心目中的重要性和地位有关。

提供咨询服务的从业者很自然地都渴望得到尊重和钦佩，不愿意被忽视、屈尊或被视为低人一等。因此，作为咨询顾问，我们努力在客户眼中保持一定的地位和重要性也就不足为奇了。但有时我们会忘记，“服务”（Service）这个词与“仆人”（Servant）甚至“顺从”（Subservience）的词根是一样的。

裸式咨询顾问不仅克服了“要在客户眼中很重要”的需求，还有意将自己置于一个较低的位置。即使这使他们被忽视或暂时地被轻视，他们也会去做客户需要他们做的任何事情来帮助客户改进。具有讽刺意味的是，客户越来越信任和尊重这样做的顾问，并最终给予他们更高的评价。这是因为没有什么比那些心甘情愿、高高兴兴地把自我放在一边，把他人的需求看得比自己的更重要的人更有吸引力、更令人钦佩的了。

第 7 章
克服三大恐惧

裸式咨询顾问通过各种简单而强有力的实践来展现“示人以真”，所有这些实践都符合三大恐惧中的一个或多个。同样重要的是，要理解这些原则背后的恐惧，从而展示裸式咨询的具体行为是实现客户忠诚所必需的。

裸式咨询的服务原则如下：

绝不推销
（不怕丢生意）

裸式咨询顾问把每一个销售场景都转化成了展示他们工作价值的机会。他们尽量避免同客户讲，如果聘用他们，他们会为客户做些什么；相反，他们一进场就开始为客户服务，就像对方已经是自己的客户一样。他们不担心潜在客户是否会利用他们的慷慨，因为十个有九个客户会感激他们的慷慨，甚至在正式决定签约之前，就开始把自己看成客户了。

然后销售拜访便成了咨询服务的赠品，这是一种更令人愉悦的体验。因为与仅仅试图说服潜在客户签约相比，它们能给咨询顾问更高的信心。

很多和我一起工作的人可能说我是个很好的销售人员。但事实是，我对传统的销售很不在行。我不喜欢谈论费用，也不喜欢“太亲密”。但我喜欢咨询，所以我只是带着这样的想法去参加销售会谈：我要想办法以某种有意义的方式帮助他们。如果他们选择不聘用我，我意识到这可能是一个正确的决定，因为他们可以确切地看到我在做什么，并确定这是不是他们需要的东西。

真诚慷慨

（不怕丢生意）

这个原则有两个应用。一方面，它与“绝不推销”的原则有关，因为它是关于在潜在客户同意成为付费客户之前就给他们提供建议和咨询。通过展示你的慷慨和信任，大大增加了他们成为你客户的可能性，更不用说向他们证明你可以帮助到他们。

“真诚慷慨”的另一方面是财务上的，它需要你永远站在客户一方看待费用。因为你最感兴趣的是与客户建立长期关系，向他们展示你更专注于帮助他们，而不是最大化你的短期收入，这对你最有利。

我的一位同事曾经在没有事先商定价格的情况下，就给一位客户提供了咨询服务。当他给客户寄去账单时，客户真诚地说："哇，我没想到会花那么多钱。"我的同事没有向他们索要全额费用，而是直接向客户收取了他们预期的咨询成本。那个客户到今天仍然在与我们公司合作。

我认识的另一位顾问曾与一位潜在客户见了面，这位客户坦承，他们希望自己动手做这项工作，而不是聘用外人。这位顾问仍然去见客户，向他们提供信息和建议，让他们在没有他的情况下做这件事。两年后，这个客户又回来找他，成为一名付费客户，客户知道这位顾问更感兴趣的是帮助他们，而不是收费。

善意直言

（不怕丢生意）

即使客户可能不喜欢听，裸式咨询顾问也会讲出客户难以接受的信息。由此，他们将与客户的关系置于危险之中，因为他们知道满足客户的需求比保护自己的业务更重要。

这一切都是建立在维护客户尊严和理解人性的基础上的。他们并没有直接向对方灌输一个难以理解的信息，而是以善意、同理心和尊重的态度提出自己的建议。不过，他们不会粉饰自己的建议，也不会奉承客户。裸式咨询顾问明白，他们的责任是讲真话，即使这意味着他们将被牺牲掉。

我认识一位顾问。他的一个客户是土生土长的纽约人，在与南方同事共事时遇到了麻烦。他太直率了，这种方式在他的家乡对他的职业生涯很有帮助，但现在吓到了他的南方同事们。这位咨询顾问意识到他需要向客户指出来，但要用他能听得进的方式。于是，他借鉴了电影《教父》中的角色，说："也许你可以少一点像桑尼，多一点像迈克尔。[9]"这位客户立刻明白了，并接受了。随着时间的推移，客户逐渐改变了自己的风格。从那以后，那位客户在很多场合都表达了自己的感激之情。

以身涉险

（不怕丢生意）

裸式咨询顾问不会回避不舒服的情境，相反他们会投身其中。这个概念来自即兴戏剧的世界。

在即兴表演中，新手们很自然地会避免利用其他演员的怪异评论或行为，因为他们担心自己会不知所措。伟大的即兴演员正好相反，他们寻找和参与最古怪的情形（以身涉险），因为他们知道这是天才演员的机会所在。

在咨询服务中，"以身涉险"与勇敢无畏地处理一个其他人都不敢碰的问题有关。也许这比咨询顾问提供的任何服务都更

[9] 美国电影《教父》中黑帮老大科莱昂育有三子一女，长子桑尼性格凶猛，脾气暴躁，是他的主要助手；次子弗莱德胆小怕事，有些窝囊，不受重用；小儿子迈克尔刚从军队回来，长相斯文，遇事稳重，后来成为新一代教父；女儿康妮年轻貌美，性格温柔。

能赢得客户的赞赏，他们中的许多人已经厌倦了避开“房间里的大象”[10]——随着时间的推移，这头大象已经变得更难闻、更混乱，因此也就更难以触碰。

当一个裸式咨询顾问停下来说：“嘿，还有人闻到了吗？”这名顾问往往会成为一个英雄。客户认识到他们身上所蕴含的勇气和正直，这些品质是令人安心的，有吸引力的，通常也是罕见的。因此，这样的“危险”情形反而成为增加价值和建立信任的机会。

这种策略看起来类似于“善意直言”，但有所不同，因为它是在一个团队陷入潜在危险的时刻发生的。有一次，我的一个顾问朋友正与一位高管参加他的团队会议。该高管在他的团队面前发表了一通典型的、多少带有侮辱性的长篇大论。当他讲完后，房间里一片死寂，和往常一样，每个人都在默默等待这个时刻过去。我的这位朋友没有就这样放过，而是说：“好吧，我认为我们有必要谈谈这种情形对团队的影响，此刻，这也许是一个好机会。”于是整个团队第一次讨论了这个问题，从而帮助这位高管认识到了他需要做哪些改进，以及这将如何帮助到他的团队。

我还和一家软件公司的领导团队一起工作过，他们是一群非常聪明和有动力的人。在看到他们挣扎在解决领导力和市场营销的问题后，我感觉到房间里的其他人和我一样，对公司的基本客

[10] “房间里的大象”（the elephant in the room）来自英国的谚语，意思是，在一个房间里放着一头凶悍的大象，所有人都看到了这头大象，却都假装看不见，保持集体的沉默。

户承诺感到困惑。我便开口问道："对不起，我不太明白你们的价值主张。我是唯一的一个，还是你们也很困惑？"起初，一些高管看着我，好像我是个傻瓜。正当我准备承认自己的错误时，客户服务部的负责人说："我也不明白。"接着是其他几位高管，他们也承认了自己的困惑。这是表现裸式咨询两个原则的一个例子："以身涉险"和"问'傻'问题"，我将在下面具体描述。

问"傻"问题

（不怕没面子）

裸式咨询顾问是"问'傻'问题"的人。房间里的其他人往往害怕问那些萦绕在脑海、话到嘴边又咽回去的问题，因为他们担心让自己难堪。但裸式咨询顾问会问出口，他们意识到，假如问了五个问题，其中三个可能被认为是"愚蠢的"，而另两个问题的潜在好处使其值得一试。

我们中的大多数人认为 40%的命中率太低，感到是一种羞辱，会被认为缺乏智慧。但客户喜欢它，他们几乎总是会记住我们问的好问题，而忘记其他的问题。尤其是当我们能够迅速而谦卑地承认那些很糟糕的问题时。

设想在开会的时候，你认为有一个问题太过明显，以至于不能问。然后别人问了，你会带着感激和敬佩的心情看待他们。假如我们也有勇气去问的话，客户也会这样看待我们。

有一次，我参加了一个相对乏味的会议，会议上高管团队正在审查他们今年的预算。当我查看他们正在审阅的电子表格时，我注意到在市场营销科目里没有用于广告的项目。因为公司刚刚上市，他们不做任何广告似乎很奇怪，所以我举手询问。我的一位新同事当时在场，他后来告诉我，那时他对我提的问题感到羞愧。他心想："得了吧，这些人当然会关注广告，它可能只是归到其他营销类别的某一项里了。"

听到我的询问，CEO也和我一样惊讶，他转向营销副总裁寻求答案。这位营销负责人看上去更加吃惊，说："嗯，我不确定你今年是否想让我们做广告……"之后，他们澄清了情况，并划出一些资金用作广告预算。这个高管团队感谢我帮助他们发现了一些他们没有关注到的问题。尽管如此，我还是完全准备好听他们说："你这个笨蛋，我们当然想过做广告。就在下面……"只有我能接受各种可能出现的反应，我才能帮助到他们。

提"傻"建议

（不怕没面子）

裸式咨询顾问不仅是敢于问出别人回避的问题，他们也会提出自己不确定的建议，即使他们知道这可能使自己处于尴尬的境地。

但就像"问'傻'问题"一样，客户会记住顾问所提出的好建议，而不是那些不怎么样的点子。如果那个客户认为我们是因为害怕被羞辱而不说出我们的想法，他们就会觉得被骗了。毕竟，他们让我们参与进来，并付我们钱就是想得到我们客观的看法。他们期待着我们提出一些他们自己想不到的建议。如果我们不肯冒险，不愿尽己所能，那么他们信任我们或对我们忠诚就是不明智的。

有一次，我们和一位 CEO 和他的 CFO 在一个客户现场，他们在讨论公司下一步的发展。由于我对财务和上市方面的了解非常有限，我觉得提出一个建议也无妨。“上市怎么样？”我问，“似乎其他公司达到这个增长点时通常都会这么做。”当时高管们面面相觑，说道：“对啊，我们为什么不上市呢？”同年晚些时候，他们真的成功上市了。

请记住，每一个看似“傻”的建议，有的最终被证明是有见地的，更多的建议确实是不高明的。但是，如果不冒着风险把想法都提出来，好的想法永远见不到天日。

勇于认错

（不怕没面子）

裸式咨询顾问并不是喜欢犯错，他们只是认识到犯错是不可避免的。他们并没有试图掩盖或淡化自己的错误，反而乐于承认自己的错误并为之承担责任。虽然这似乎是反直觉的，但它切实提高了客户的信任和忠诚度。客户并不期望咨询顾问完美无缺，但他们确实期望诚实和透明。咨询顾问要证明这一点，最好的方法就是承认错误，并谦卑地道歉。

替客户挡子弹

（不怕失身份）

这可能是最难解释的一个原则，因为它很容易被误解，在很大程度上与我们的文化灌输给我们的东西背道而驰。

首先，“替客户挡子弹”并不意味着，当客户做了错误的事情时，咨询顾问就盲目地、谄媚地代其受过。它是指在困难的情形中，我们可以放低自己，以牺牲自己的方式减轻客户的负担，然后（这是关键）用“善意直言”来面对他们。如果没有这种面对，那这子弹就真的是白挡了。但也有这样的时刻，咨询顾问处于一个特殊的地位，能够为一些事情承担责任，这些事情可能是他们的错，也可能不是他们的错。但毫无疑问，“替客户挡子弹”就意味着咨询顾问总是承担责任的一方。

“替客户挡子弹”是一种反文化行为，因为我们在生活中习惯于逃避责任，尤其是当我们不确定自己是否做了什么值得指责的事情时。无论是兄弟姐妹为了乐高积木而打架，还是原告在法律上的斗争，我们通常都会在困难的情形中避免受到直接或间接的伤害。裸式咨询顾问为他们的客户“扑向手雷”，因为他们知道在商业活动中碰到的手雷通常不会致命，但这样做可以与客户建立非凡的信任和忠诚。当然，手雷偶尔也会是“致命的”，因为它们会损害经济利益，但即使这样，裸式咨询顾问也会坦然接受。

我曾与一个大型国际公司合作，帮助他们策划全球领导力和战略会议。我的职责包括制定大会议程，创建内容，为参加会议的大约 100 名高管组织各种活动。在一次活动中，我的客户开始担心活动进度落后，恳求我打断演讲嘉宾，催促他赶紧结束发言。最后，他戳了一下我的肋骨说：“叫他快点！”我于是打开便携式麦克风，非常友好地请发言者在接下来的五分钟内结束演讲，结果这位发言者在 100 多名高管面前对我发表了一些愤怒的和侮辱性的言论。我转身想看看我的客户会说些什么，却发现他正从会议中心门口溜走，留下我一个人承受了这些。（我向你保证，这不是我编的。）

后来，这位客户尽管没有直接道歉，但他通过对我和我的公司的忠诚，以及对我们为他所做的一切的赞赏，来表达他的感激之情。虽然那一刻很糟糕，但我得出的结论是，我们的确大大减轻了对他的可能伤害。

聚焦于客户

（不怕失身份）

这是另一种看似简单且显而易见的策略，但它比表面上看起来要难，而且更强大。裸式咨询顾问将他们的全部注意力都投注在客户身上，而不试图将注意力转移到自己身上，他们清楚自己的工作重心是理解、尊重和支持客户的业务。因此，裸式咨询顾问往往会淡化自己的成就，让客户自己去发现顾问的价值。关于这个策略，我没有太多要说的了，它很简单，既重要又难以做到。

以客户为荣
（不怕失身份）

好吧，这个听起来有点像上一个，貌似更理所当然，但它比“聚焦于客户”范围更大。裸式咨询顾问尊重客户，“以客户为荣”表现在真正对客户的业务有兴趣，真正欣赏客户及客户的工作价值。这是无法假装的。即使客户的业务不是咨询顾问热衷的事情，他们也会出于对客户生计的尊重，找到一种方法发展出兴趣。

这就引出了一个问题：“如果一个潜在客户从事的是令我们无法尊重的生意，那该怎么办？”不能尊重客户的生意是一个好迹象，它表明我们不应该接这样的咨询业务。曾经有涉及法律纠纷的公司与我们公司接洽，如果从伦理或道德的角度我们无法接受他们，那我们会毫不犹豫地放弃这些业务。我们不会为我们不认同的客户服务，我们也无法以他们为荣。

给客户打下手

（不怕失身份）

裸式咨询顾问愿意承担客户在其服务场景中需要他们做的任何事情。有时候客户需要的东西并不像我们想的那样有吸引力或令人兴奋，这可能导致我们被认为比客户低一等，或者让我们觉得自贬身份。但因为我们的谦逊，而且我们更关心客户而不是自己，所以我们会做他们需要的事情。这样做，我们将赢得他们的忠诚和感激。

我和一位同事曾与一家大型国际公司合作，帮助他们改善组织的健康状况和提升领导力，其中一部分工作包括组织一个领导力发展大会。除了和 CEO 及他的团队设计大会议程，帮助他们更好地激励领导者，我们发现自己还需要规划晚餐菜单，在问答环节还要满场飞跑地递送麦克风。

我记得有人对我说，我们不应该那样做，因为那样做有失我们的身份，这让我们看起来更像后勤人员而不是专家顾问。虽然在出席会议的与会者看来，这可能是事实，但我们知道，聘用我们并与我们合作最密切的高管们，把这视为我们对他们及其组织的全力支持。

承认你的弱点和局限性

这一原则可能是最普遍和包罗万象的。这听起来也很像“勇于认错”，但它在一些重要的方面是不同的。首先，承认一个错误是一回事，承认一个普遍的弱点则完全是另一回事。但事实是，我们都有弱点。如果我们试图掩盖弱点，我们可能把自己置于一种不得不做越来越多我们并不擅长的事情的境地。我们也会因为做自己不擅长的事而让自己疲惫不堪，这还会阻碍我们在能够获得长足发展的领域里尽己所能。

第 8 章
裸式咨询服务的广泛应用

本书的原则适用于管理咨询、财务咨询、公共关系、技术服务和公司的内部支持性服务等领域。而且，它们还可以应用于各种涉及与客户保持长期关系的其他服务领域。

裸式咨询服务适用于全科医生（家庭医生）、律师、客户经理、生活教练、建筑承包商、保险代理人，甚至私人教练等。并非裸式咨询服务的每条原则都适用于所有领域，但我认为适用于大多数领域，而且它们可以帮助任何服务提供者激发客户的忠诚和信任。

即使在客户关系之外，裸式咨询服务也有它的好处和优势。当我们能够向与我们一起生活和工作的人展示脆弱的一面时，我们就会建立更牢固的关系，肯定我们对他们的信任，并激励他们自己也变得敢于展露自己的弱点，这无疑就是裸式咨询服务的价值所在。

培训与咨询

克服团队协作的五种障碍导师认证课（第2版）

电子工业出版社世纪畅优公司获得美国 Table Group

独家授权举办 Table Group 资深顾问导师亲临执教

为企业打造具有高凝聚力的卓越团队，为组织进行健康诊断，通过强化清晰度提高竞争力，这一切都需要在世界一流导师的培训下，通过学习与演练，获得权威的认证许可，提升培训与咨询能力，为组织创造更大的价值。

克服团队协作的五种障碍工作坊（第2版）

Overcoming the Five Dysfunctions of a Team

工作坊目标：致力于帮助企业建立高绩效的领导团队，极大地提高团队凝聚力与执行力，为提升组织健康打下基础。

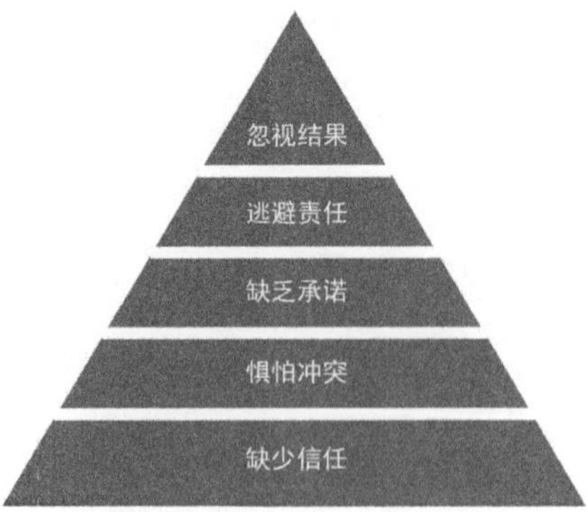

一、真实领导团队工作坊

面向组织中一个真实的领导团队开展。在真实领导团队工作坊中，设计了高度实操型团队测评、团队现状分析以及增进真实领导团队协作性的活动练习，能够真正帮助领导团队就团队使命、团队协作原则达成共识，朝向成为一个高凝聚团队的目标迈出一大步。

二、领导者工作坊

面向组织中来自不同团队的领导开展。在团队领导工作坊中，将以提升领导者团队领导力为目标，学习如何通过运用“克服团队协作五种障碍”模型来提升他们自己所带领团队的凝聚力、团队协作的高效性以及目标达成的执行力。

两个互动性很强的工作坊给学员提供了既实用又可以立刻见效的工具和策略，这些工具和策略还可以让学员在今后的工作中持续应用。

反侵权盗版声明

举报电话：（010）88254396；（010）88258888

传　　真：（010）88254397

E-mail:　　dbqq@phei.com.cn

通信地址：北京市万寿路 173 信箱

　　　　　电子工业出版社总编办公室

邮　　编：100036